别让拖延症毁掉你

孙永辉 / 编著

图书在版编目（CIP）数据

别让拖延症毁掉你 / 孙永辉编著 . -- 北京 : 中国人口出版社 , 2022. 6
ISBN 978-7-5101-7339-4

Ⅰ . ①别… Ⅱ . ①孙… Ⅲ . ①成功心理—通俗读物 Ⅳ . ① B848.4-49

中国版本图书馆 CIP 数据核字（2020）第 202649 号

别让拖延症毁掉你

BIERANG TUOYANZHENG HUIDIAONI

孙永辉　编著

责任编辑　魏志国
责任印制　林　鑫
出版发行　中国人口出版社
印　　刷　三河市燕春印务有限公司
开　　本　710 毫米 ×1000 毫米　1/32
印　　张　4.5
字　　数　95 千字
版　　次　2022 年 6 月第 1 版
印　　次　2022 年 6 月第 1 次印刷
书　　号　978-7-5101-7339-4
定　　价　19.80 元

网　　址　www.rkcbs.com.cn
电子信箱　rkcbs@126.com
总编室电话　（010）83519392
发行部电话　（010）83530809
传　　真　（010）83519401
地　　址　北京市西城区广安门南街 80 号中加大厦
邮政编码　100054

前言 PREFACE

不管什么事都要拖到晚上才开始，白天毫无灵感；“再刷朋友圈就剁手”，没过一会儿就开始释放双手；“我看半小时韩剧，就半小时”，一晃半天过去了；可乐喝完了，薯片吃完了，工作还没开始……这都是我们平常所说的拖延症的典型症状。

进入互联网社会后，难以量化的工作特点和碎片化的生活方式，正在不断加剧拖延行为。而拖延确实正成为温柔的生命杀手。拖延无处不在，它让我们处于自责内疚中，也处于惶恐不安中，让我们错失了很多人生机遇。拖延甚至还让我们陷入人生的泥潭中不能自拔，使我们变成平庸的人。很多人深知拖延的危害，也一次次痛下决心改正，但往往又陷入新的拖延。

这是因为，拖延是人性的弱点之一，很多人在开始一项任务之前，总会找出一些冠冕堂皇的理由来说服自己拖延，心安理得地享受懒惰带来的放松。拖延者有时是因为不够自信，对如何做好事情有恐惧感。他们总能找出一些不做的理由安慰自己，不敢面对现实。有的人追求完美，为一点点小事没有办好就一直懊恼不已，进而拖延该做的事。有些人自制力差，容易受外界诱惑，屈服于眼前的欲望，而把未来更好的选择放在以后……

对于拖延症患者而言，一方面梦想仙境中的玫瑰园出现，另一方面又忽略窗外盛开的玫瑰。明天仅是幻想，现实的玫瑰就是“今天”。拖延所浪费的正是这宝贵的“今天”！现代生活的节奏是快速的，每个人都开足马力往前冲，如果你还想歇歇，你只能等待被淘汰。

当然，大多数人都明白这样的道理。于是，我们在各种论坛上都能看到拖延症患者所写的帖子，每个帖子都有不少跟帖者，纷纷诉说拖延的烦恼和对自己人生的影响，并寻求解脱的灵丹妙药。

如果你已经认识到自己患上了拖延症，说明你尚未病入膏肓。其实，拖延并不可怕，只要认识到问题的症结，并以积极的心态对待，克服拖延也不是什么难事。

本书正是为拖延症患者们准备的一剂“苦口良药”。在这本书里，从拖延症的行为模式到拖延的危害，再到拖延产生的深层次原因，我们一一为你揭开谜底。而如何战胜拖延症，书中也给出了详细且全面的策略。

只要你阅读本书，从现在就开始行动起来，你完全可以轻松地宣告：战胜拖延，如此简单！

目录 CONTENTS

第1章

拖延症的真面目：你中招了吗

时间都去哪了

“时间都去哪了？”几乎所有的人都对自己或别人问过这个问题。

又是一年过去，你也许在认真回顾，给自己定的一年计划并未如期完成，没有完成的真正原因，就是时间在不知不觉中就已过去。而一年来，自己似乎每天都在忙碌，没有时间学习，每天有完不成的工作，甚至没有时间坐下来喝杯咖啡……

事实真的如此吗？多数人很轻易地相信自己“真的没时间”，不过他们也容易被自己的谎言所欺骗，真正的问题是我们把大量时间都浪费在拖延上。对于拖延带来的时间损失，就连有些历史名人也懊悔不迭。

达·芬奇就是这样一个人。这位欧洲文艺复兴时期的艺术天才，同时涉足建筑、解剖、艺术、工程、数学等领域，他传世的六千多页手稿见证了这位艺术天才的惊人才能。通过这些手稿，人们得以确认达·芬奇是历史上第一个人形机器人的设计者、第一个绘制子宫中胎儿和阑尾构造的人，而这些手稿中的绘画创作方案更是不计其数。

达·芬奇的世界名画《蒙娜丽莎》画了4年，另一幅名画《最后的晚餐》画了3年。实际上，达·芬奇的传世画作不超过20幅，并且其中有五六幅到他去世时还压在手里没能完成。直到他去世200年后，有关绘画的手稿才被后人整理成书。而他的更多科学方面的想法与设计至今仍隐藏在那些草稿图中，成为天才的遗憾。

达·芬奇对自己也有所反思，在一则笔记中他写道："告诉我，告诉我，有哪样事情到底是完成了的？"这种自责感，与当今我们所体验到的拖延症困扰是多么的相似。

人一生的两笔财富是你的才华和你的时间。才华越来越多，但是时间越来越少，我们的一生可以说用时间来换取才华。如果一天天过去了，我们的时间少了，而才华没有增加，那就是虚度了时光。

虽然多数人都懂得这个道理，但不少人依然对"拖延"情有独钟。每当我们感到疲倦和懒惰之时，就能立刻找出乃至创造出一堆不去做某件事的借口。

但是，现代社会的快节奏、高压力，让工作和生活中困扰很多人的拖延现象并不见消减。美国和加拿大的统计数据表明，七成大学生习惯于拖延学业，两成以上的普通人每天都出现拖延行为。

拖延症也逐渐成为"80后""90后"的标志，人们习惯在第一时间找借口掩盖自己的拖延行为。都说"时间去哪儿了""请再给我两分钟"，但起床拖延症、工作效率低等症状愈加普遍。

王琳琳正在读研究生，她一直想利用大段空闲时间完成一篇专业论文。在寒假前就制订好了计划。王琳琳回到家后，先是和老家的同学天天聚在一起：滑雪、吃饭、唱歌、逛街。反正写论文的事不差这几天嘛！一个多星期过去，她的计划只是放在心里，晚上睡前想一想，叹息一声。

过了几天这样的日子后，王琳琳下决心在微信圈里留言：从明天开始静心写论文。两周后，朋友打电话问她论文完成得怎么样。王琳琳的回答是“没有”。

朋友奇怪，“那你每天在家干吗？”王琳琳回忆了下说：“好不容易放假，得睡到自然醒吧。起床后吃了早饭就打开电脑，正准备写，但一时间又找不到写论文的思路，想着不如等等，听会儿音乐，抱着手机跟朋友聊聊微信、刷刷朋友圈，上网在淘宝上看看衣服。结果到了晚上，论文也没开始写。然后，心里想着，等明天再重新开始吧。”

像王琳琳这样的人并不在少数，他们总是习惯性地拖延，时光当然在一天天的拖延中白白浪费了。当时间过去，拖延者不自觉认同“时间是幻觉”的概念。他们生活在主观时间和客观时间的严重冲突中，并一直在其中挣扎。因为人们往往急于去做即时的事情，而不做对未来很重要的事情。这体现了人类的某些天性，也是拖延对人的影响这么大的原因。

可以说，没有别的什么习惯，比拖延更能使人怠慢。拖延是可怕的敌人，是时间的窃贼，它会损坏人的品格、败坏好的机会、劫夺人的自由，使人变为它的奴隶。

“病态”的悠闲：还有明天

“拖延”一词最早出现在美国人类学家爱德华·霍尔于1942年出版的书里。“拖延”的拉丁原文为“Procrastinatus”，意为“推迟至明天做”。

英国作家塞缪尔·约翰逊曾这样说：“我们一直推迟我们知道最终无法逃避的事情，这样的蠢行是一个普遍的人性弱点，它或多或少都盘踞在每个人的心灵之中。”的确如此，人们习惯拖延，这是不少人普遍存在的一种思维倾向。在拖延患者眼中，明天就是一种幻象、一个可以充满无限遐想的时间。

“今天不想做了，不是还有明天吗？”

“等明天再说吧，我今天实在有点累了。”

“明天还有大把的时间，这点事花不了多少时间。”

……

如此种种，“明天”的借口无处不在。正是借助于这样的幻想，“明天”就成为拖延者最好、最安全的藏身之地。与此同时，“明天”出入各种场合，攻占着人们的思维漏洞。难怪有人这样说：“毁灭人类的方法非常简单，那就是告诉他们还有明天。因为告诉他们还有明天，他们就不会在今大努力了。”

于是，办公桌上堆叠的资料总不愿意去整理，直到找不到想要的东西才不得不去收拾；面对堆积如山的待做项目，总想着等等再开始；该打的电话，常常要等到一两个小时以后才打；这个月该完成的报表，有时要拖到下个月……

很多人习惯性地把今天要解决的事拖到明天，或许是今天做了太多的事情，或许今天情绪不佳，或许今天做事总是出错，总之今天就不是一个好日子。在拖延者眼里，明天是心中所期待的未来，他们对明天充满了无限的憧憬。

我们不妨看看普通人小李的工作轨迹：

小李是公司策划部部门主管，他工作认真、积极，但拖拉的毛病连自己都烦恼不已。

星期一，小李在上班途中就已经下定决心，当天要着手草拟下一年度的部门预算。小李 9 点整开始工作，但他需要整理一下办公环境，顺便浏览一下新闻。半个小时之后，办公桌前已经焕然一新，他还泡上了自己爱喝的咖啡。

正当他准备埋头工作时，电话铃响了，原来是一位顾客的投诉电话。小李连解释带赔罪地花了 20 分钟的时间才说服对方平息怒气。

此后，又有几个员工来请示工作，等安排完下属的工作后，他一看表，已经 10 点 45 分了，距离 11 点的部门例会只剩下 15 分钟。他想，反正在这么短的时间内也不太适合做比较庞大耗时的工作，干脆把草拟预算的工作留到明天算了。

看小李的工作状态，是不是有我们自己的“影子”？“明天开始吧”，这是我们惯用的话。但是，明天又会怎样？我们对今天和明天的感觉总是不一样的，总是觉得明天会有更好的精力、更充裕的时间。然而很多时候，明天也许是“今天”的重复……

我们每个人都应当极力避免将今天的事拖延至“明天”。大多数情况下，一件事总有期限，这跟我们所买的商品有保质期是一样的。结果是，“今天”你拖延了，“明天”你不得不面对拖延的后果。

对拖延症患者来说，除非在做事情的过程中得到极大的成就感，否则人们往往倾向于拖延。然而，大多数人日常所做的事情并非那么富有激情，拖延也成为人们的潜在倾向。由于人对负面情绪自发的逃避机制，当我们因为去做一件事而感到恐惧、厌恶、抵触、焦虑的时候，拖延就经常自动找上门来。

拖延者知道立即采取行动有困难，于是“凡事向后推”就成为一种人生策略。不断拖延，并希望正好在还未到来的“明天”能自然解决所有问题，但这几乎是一种奢望。拖延者尽管总是有足够的理由说服自己，但这不过是自我妨碍与自我逃避。

如果说一件事不存在截止期限，那么拖延自然是再美好不过的事，因为总会有明天。很多人都会以为明天很美好，把事情寄托在明天，可是他们丝毫不知道——不做好今天的事情，其实根本就没有美好的明天。

借口和自我欺骗：如何招来拖延之患

你的周围是否也有被视为“借口大王”的人，他总会有再等一天的理由，总会有不做任务的借口，在他们口中，经常有这样的说辞：

“离最终日期还有好几个星期。”

“我在几个小时内就能搞定它。”

“我在压力下工作更为高效。”

毫无疑问，另一天终归是另一天。很快一周时间过去了，一个月时间过去了，他所做的事仍然毫无进展。为什么他就看不出来，自己在掩饰没必要的耽搁，自己所做的只是让借口合理化，从而不断地自我欺骗呢？

大概所有的人都有这样的思维特点：对于该做而没有做的事，总能够找到充分的借口和理由。一旦找到了借口，无论是否能说服别人，但自己的心理已经获得平静。这几乎成为了一种思维惯性，找到借口，就相当于开具了能够麻痹自己的精神良药。

有很多人尝到了借口的“甜头”后，便一发不可收拾，从此陷入了借口的牢笼中。事情还没有开始，各种借口便接踵而至，他们在享受各种借口带来的“便利”的同时，生活却陷入了一团糟。

下面的一则小故事或许对你有所启发。

老师带着他的学生，一起来到某贫困村庄中最贫穷的一个家庭。虽然有心理准备，但是他们还是被眼前的贫穷震惊了：八口之家，破败的房子、蓬乱的头发、孱弱的身躯以及粗糙的衣服、悲哀的面容，悲惨到无以复加的地步。全家赖以维生的只有一头奶牛，来访的老师在临走时，却将这头奶牛偷偷给杀掉了。学生被老师的行为震惊了，质问老师为何这样做？老师不做任何解释，也似乎毫不关心这户可怜的人家失去他们唯一的谋生工具之后命运将如何，径自走了，学生也随之灰溜溜走了。

回到城里头几天，学生还在担心那家人已经饿死了，偶尔睡不着觉时也会自责一下，但很快就淡忘了这件事。直到一年之后，老师建议旧地重游，学生的罪恶感才又被勾出来了，悔恨当初老师的行为毁掉这家人，自己作为帮凶也是难辞其咎。

谁知到了那里却发现破房子已经换成了漂亮的新房子，肮脏、贫穷的主人变得快乐、健康而富足，难道奇迹发生了？听了主人的讲述，才知道他有过怎样的经历。当初他们唯一的谋生工具奶牛意外死亡后，这家人经历了绝望和痛苦，最后为了生存只能另谋生路，开辟空地种菜，谁知，他们种的菜不仅能自给自足，还有多余的可以卖钱，并走上了发财致富之路。

这个故事来源于美国畅销书《谁杀了我的牛》。在这里，“奶牛”象征了所有的借口、托词、理由、谎言、“合理化”的解释、恐惧和错误信念，正是它们将你与平庸的生活捆绑在一起，阻碍了你去实现真正想要追求并应该获得的理想生活。可悲的是，在拖延问题上，我们实际拥有的“奶牛”可能比我们愿意承认的要多得多。

事实上，很少有人愿意承认自己是在编造借口，我们常喜欢把借口看作事实或对现实状况的最合理的解释，并把它们当成无法控制的因素。但是，更多的借口背后其实是个人的惰性心理作怪，因为选择了借口就意味着能享受到“便利”。在办公室中、在商店里、在生活中的每一个地方，我们都能运用借口带来的“便利”。殊不知，在找借口与自我欺骗的同时，也给自己带来了各种拖延的恶果。

每个人心里都有头“奶牛”，当我们不断拖延该做的事时，当把自己不理性的恐惧解释成“谨慎小心”，拒绝挑战而用“不想好高骛远”来辩护的时候，就表示“奶牛”已经出现了，我们的拖延症似乎已经朝着越来越严重的方向发展。

因此，我们要杀死“奶牛”！因为心中的“奶牛”会引导我们继续拖延，它是阻碍我们不断进步的敌人。

漂亮的计划，不漂亮的执行

过于漂亮的计划甚至有可能毁掉一个人，这样的说法可能让人费解。事实上，漂亮完美的计划有时不过是个幌子，因为做计划并不是一个最有效的手段，计划和执行两个环节中间，并不是无缝衔接的。这就是为什么你能做出很漂亮的计划，但不能漂亮地执行。

举个生活中的例子：我们经常“今天先放松一下，明天要努力工作”。相反，有拖延症的人却往往做到了“今天放松一下，明天再继续放松一下”，这是为什么呢？

从当前的节点来看，人对今天努力工作和明天努力工作的感觉不同。你想的是“明天我要完成几份企划案”，而在预构这个场景的时候，你并不能准确估量明天从事这个工作给自己带来的痛苦，而当下开始所带来的痛苦却是真切的。现在告诉你一周之后你要拼命工作，和现在开始拼命工作，前者总会让我们觉得更容易达成。这也就是说，拖延症患者的自控能力越差，拖延症越严重。

你能做出很漂亮的计划，但不能漂亮地执行计划。而观察那些成功人士，他们的思想水平和角度可能千差万别，但计划与执行的能力是必备的。他们也许没有漂亮的计划，但绝对可以有漂亮的执行。

又是新的一天了，小王为自己多日来的懈怠而有所“良心发现”。“我是不是该制订一个详细计划，然后严格按计划执行？这样，既不至于太累，也能保证完成任务。”小王从早上开始就琢磨着这件事。

对，就是要先制订计划！他来到工位上，对着电脑屏幕，看着日历，聚精会神地写着什么。老板正好路过，看到小王如此聚精会神的样子，满意地笑了笑。计划表很快就出来了，小王颇有成就感，他把每天的工作又进行了细分，而自己内心也感受到满足感。

计划完美无缺，该行动了吧？可是，今天的任务还真艰巨，小王开始意识到，今天的时间似乎不太够用，甚至还可能得加班……怎么办？突然间他又充满了焦虑。为了保证今天能完成计划，他强迫自己坐在电脑前看资料。可是，他的心似乎有点不听话，总想着上上网、找人聊聊天。他甚至在内心咒骂自己：“你有点自制力行不行？你的计划白订了吗？”

但是，眼前打印出来的计划书还有余温，他暗暗使了把劲：没问题的，我从现在开始认真看资料，一切都来得及！终于经过了一个上午的时间，资料看完了。有计划就是不一样，工作效率也比平时高多了，小王心里这个美呀，还暗暗称赞自己：“状态忒好了！要一直坚持下去。”

当时间到了下午，小王想，上午的工作效率还可以，下午可以稍微轻松一点了。喝点咖啡，浏览网页，稍微一走神儿，两个小时过去了。下午三点半，距离下班还两个小时。一看时间，赶紧准备写文案，这回他倒是挺自觉。写了一会儿，小王有点乏了，似乎再也找不到上午的精神头儿。既然暂时找不到什么“灵感”，那就放松一下再继续吧。不知不觉到了下班的时间，但小王实在找不到“灵感”，还是等明天再说吧。打卡，走人！

的确如此，对于自制力差的拖延者来说，做计划绝不是一个好主意。就像小王，能做出一个漂亮的计划，却无法漂亮地执行。想想看，有时候真正吸引我们的并不是完成事情本身，而是做计划时可以“幻想完美”，是这种幻想带给我们短暂的愉悦。哪怕这种愉悦注定不能延续到执行的过程中，但这份愉悦仍然让我们在当下不停地做着计划。

从计划到执行，需要不断地提升自控能力。初步想法定了，行动就一定要跟上。如何把自己手头的任务完成得最好，关注眼前的任务并做到极致，才是最重要的问题。而至于完美的计划如何形成，要有什么样的目标，这些并非不重要，而是有前提。

专注于眼前的事情，这点实在很重要。

零碎的“小岔子”

一天的时间对每个人而言都是公平的，拖延的人到底拿这些时间都做了什么？他们似乎一直在忙忙叨叨，却摆脱不掉“拖延”的标签。

我们每天都在忙工作，但每天下来的成效并不高，这种现象也常常发生在我们自己身上。工作中事务繁重，常常难以避免被各种琐事、杂事牵着鼻子走，也就是我们常说的“小岔子”。

不少人由于没有掌握高效能的工作方法，而被这些事弄得筋疲力尽、心烦意乱，总是不能静下心去做最该做的事，或者是被那些看似急迫的事所蒙蔽，根本就不知道哪些是最应该做的事，结果白白浪费了大好时光，导致工作效率不高，甚至拖延了工作的完成。法国哲学家福柯说过：“把什么放在第一位，是人们最难懂得的。”

被各种“小岔子”纠缠，导致精力分散，无法高效地工作的现象俯拾即是。而这也戳中了财经编辑张丽的痛处。在这个美好的清晨，张丽是这样工作的。

上班时打开电脑，张丽一副兴冲冲地准备干活的架势，各种网页窗口排满了电脑屏幕，新建 Word 文档已经拟好了标题，办公桌上摆满了可能用到的一些书籍资料……不过，这并不意味着她这一天的工作已经开始了。因为，还有一些问题她需要“关注”一下。

看新闻，不过不是财经新闻，而是娱乐资讯，这几乎成为了她每天的功课，虽然占用不了多少时间；看视频，不是什么财经名人的讲坛，而是搞笑视频，她喜欢一天的工作从欢乐开始，这也占不了多少时间；看微信，自己发点感触，看看朋友圈的内容，不能与朋友圈脱节，这也占不了多少时间……等到这些事都做完了，想要摒除一切杂念开始工作时，将近一个小时已经过去了。

当她好不容易进入工作状态中，零零碎碎的“小岔子”并没放过张丽。自己收了两个快递，给同事代发了一个快递，老同学来京打电话联系晚上一起吃饭，同事 QQ 群里再贫上两句，不知不觉一上午的时间就这么过去了。

回过头来看，张丽一上午的时间似乎没闲着，但电脑上的 Word 文档上只多了几段文字而已。已经到了午饭时间了，没办法了，下午接着干吧。再见了，上午！

拖延者总是喜欢把最重要的事无限地往后拖，在上班时做一些无关紧要，甚至没有用的琐事。譬如张丽，如果没有刷微信，没有聊 QQ，也许她的稿件一上午时间早就已经出来了。可惜，人生没有那么多假如，错过的就是错过了，时不我待。

拖延者的思维，采用的是心理上井小差的方式，传达出的信息是一样的："我先看会儿网页，不耽误时间""我先处理好这件小事，只是举手之劳"，等等，殊不知很有可能这就是正在拖延的信号。

一个不在这些"小岔子"上耽误工作的人，会有效地安排大小事务，做到轻重缓急心里有数，不被琐事牵着鼻子走。如何不被这些"小岔子"牵着鼻子走，变为有主见、高效率的人，拖延患者就要学会时刻牢记要把最该完成的事情放在第一位。如果，事无巨细，任由"小岔子"不停地打扰自己，势必造成手忙脚乱，"两眼一睁忙到熄灯"的境地。

看过或懂得园艺的人都知道：为了使树木能更快地茁壮成长，为了让以后的果实结得更饱满，就必须忍痛将一些旁枝剪去。若要保留这些枝条，那么将来的总收成肯定要减少几成。做事就像培植花木一样，只有舍弃那些"小枝小岔"，才能让自己的全部精力放在主枝上，并且全力以赴地去做好。很多拖延者做事拖延，并不是因为他们喜欢拖延，而是他们不能判断哪些事是"岔子"，使得自己的精力被浪费在一些没有意义的事情上，从而最终造成拖延的恶果。如果把那些"枝杈"都剪掉，使所有"养料"都集中到一个方面，那么他们将来一定会惊讶——自己的事业树上竟然能够结出那么美丽、丰硕的果实。

为此，我们应该懂得把最重要的事情放在第一位，静下心去做最该做的事，不再被琐事牵着鼻子走，从而使自己的工作能够稳步高效地进行。

失败恐惧症带来拖延

很多拖延者害怕自己的不足被发现，害怕付出最大的努力还是做得不够好，害怕达不到要求。这种恐惧失败的心理很可能让拖延成为“有效”的心理策略。

他们通过拖延来安慰自己，试图让别人相信他们的能力要大于其表现，他们会认为：自己的潜在能力是出色的、不可限量的。于是，有些人宁愿承受拖延所带来的痛苦后果，也不愿意承受努力之后却达不到要求所带来的羞辱。对他们来说，拖延比人们视其无能和无价值要容易忍受得多。

那些拖延的人往往还没有意识到他们是完美主义者。为了证明他们足够优秀，他们力求做到不可能做到的事情，但面对不现实的期盼，又会变得不知所措。失望之余，他们通过拖延让自己从中退却。

陈润在大学里学习成绩十分优秀，并考入了一个竞争激烈的法律院校。毕业后，带着无比的自豪，他进入了一家颇具声望的律师事务所，他甚至希望自己最终能够成为事务所的合伙人之一。

陈润终于参与到一个案件中，他对案件做了很多思考，但是不久他就开始延误很多他该做的事情：必要的背景调查、约见客户、撰写案件小结等。他想要他准备的内容无懈可击，但是面对如此之多的线索，他感到简直无法承受，不论早晚，他都会陷入僵局。虽然他每天依然很忙碌，但是他知道自己这些天没有做成任何事情。

这似乎有点令人匪夷所思，学校里优秀的陈润应该可以成为出色的律师，他为什么要通过拖延来回避自己梦寐以求的工作呢？最主要的原因在于他害怕失败，害怕失败的想法让他宁愿拖拖拉拉，也不愿自己的表现被人评判。

对陈润来说，他刚开始的工作是衡量他是否具有作为一个好律师的能力，但如果他没有被人刮目相看，那么他将受到轻视。他认为自己无法承受这样的结局。

易卜生说："如果你怀疑自己，那么你的立足点确实不稳固了。"当你总是怀疑自己行不行、能不能，那么往往影响到你做这件事的决心，甚至放弃做该事情，从而产生拖延行为。

这无疑是十分糟糕的，这种恐惧会让我们在做某些事情的时候变得懦弱，甚至变得懒散。当领导交给你一份工作，你怀疑自己做不好，担心在操作中出问题，你在工作中战战兢兢，别人只需要一两天就能完成的工作，你却需要三四天甚至一个星期，最终的结果就是不断地拖延。

临近下班时，聂小平把做好的方案传给了领导，心里终于松了一口气。在他看来，这个方案虽然没有体现出他真正的实力，看起来也没有多少亮点，但版面设计清晰、美观，还是有可取之处的。

第二天早上上班，聂小平就收到了领导发来的邮件，点开一看也是一份创意策划书，这份策划书从故事构思到文字表述，再到广告语，都体现出了创新性，很打动人。

“领导发给我这个是什么意思？”聂小平心想。

答案很快就揭晓了。领导叫聂小平到办公室，说：“你看一下，这是新来的实习策划做的。这个策划案，他用了不到两天的时间，我觉得创意还是挺不错的。你的那个策划案可以借鉴学习一下。”

领导的意图再明显不过了，聂小平当时只觉得自己口干舌燥、内心烦乱，甚至有点压抑。这一刻，他甚至开始怀疑自身的能力了，自信心受到了严重的打击。在领导眼里，他这个公司的“老人”没能给领导一个漂亮的策划案，可新来的实习策划做到了。

“为什么新来的策划都能做出来，我却做不出来？他就用了不到两天的时间，我却花了三四天的时间来看资料？是不是我的能力真的不如他？”这几乎成了聂小平的“心病”，折磨了他很久。在后期修改和完善这个策划案时，他觉得自己一直找不到状态，几经拖延之后，这个方案仍然没有得到提升。

最后的方案由领导出面反复与客户协商，才勉强被对方接纳，可想而知，这样的结果对于聂小平而言，无疑是个“大跟头”。聂小平在后来修改方案的过程中不断拖延，最终还是没有让客户满意，主要原因在于他对自己能力的质疑。因为对自己能力的不自信，致使他不能完全放开手脚、集中心思去修改方案，而他的潜在能力也被束缚了。

如果我们在做一件事情的时候失败了，如果我们过度在意成败或对自己深切自责，便会产生挫败感，继而产生逃避心理并养成拖延的习惯。我们所需要做的是，减少对自己的怀疑，提升做事的效率，避免因此而产生的拖延。

网络让我们在拖延的路上越走越远

美国加利福尼亚大学的心理学家简·博克说：“全世界拖延者的数量越来越多，互联网是罪魁祸首。网络逐渐成为人类逃避工作的首要借口和避风港。网络触手可及，一天 24 小时，一周 7 天永不停息，随时可供打发时间，任何时候都可以在上面‘冲浪’、聊天、看电影、玩游戏，这比工作要容易得多。”

的确如此，伴随互联网的发展，人们花在网络上的时间越来越多，而人的注意力极容易被分散，部分人的拖延症便由此而生。有同样经历的人恐怕不在少数。

如今已经是互联网时代，互联网已经深刻影响人们生活的方方面面，互联网在带来信息便利的同时，可供消遣娱乐或打发时间的优势已成为不少人逃避工作的借口。这是因为，人们的日常工作大多离不开电脑，每天的工作几乎都从启动电脑、登录网络开始，却常常被网络信息“诱惑”，从而把该做的工作推后、拖延。这也是网络被不少人视为“拖延症”的罪魁祸首之一的原因。

有人说，拖延症是互联网时代的重要特征，这种说法有一定的依据。而现代人生活的互联网时代是一个信息爆炸的时代，所以对于一个现代人来说，他的注意力会彻底碎片化，他的大脑每天都要消化大量的信息，只不过这里面也包含着大量的垃圾信息，由此大量的时间和精力都被这些信息白白地消耗掉，他将因此患上极其严重的拖延症……

小黎是一名高中生，和大多数年轻人一样，他的喜好是上网。7 点左右他就完成了作业，于是坐到电脑前，因为他已经下定决心，今天要写完一篇作文的。写作文当然要收集一些素材，于是他开始登录网站以及本地的论坛。他预计 8 点就写完作文，等看完论坛，已经 9 点了。这时，他觉得不能拖延了，于是一边看一边写，然后只看不写，然后时间就到了 11 点了。还是洗洗睡吧，没有完成的作文，明天再写。

实际上，我们也能够很轻松地理解，我们或多或少都有类似小黎这样的拖延经历。当我们无所事事地在电脑上刷网页、刷微博等，又或者是在手机上刷朋友圈，不经意间一天的时间很快就会过去。

互联网对我们生活的影响是巨大的，科技改变了我们的生活。无处不在的网络、智能手机、平板电脑等，我们无时无刻不依赖着这些东西。但是，我们可曾想过，当自己临睡觉的时候，我们却没有因为这忙碌的一天而感到充实，自己浏览的那些网页和信息，却不是有效的信息。你只是看之后，乐呵一下便忘记了，仅此而已。

的确如此，我们有电脑、有手机、有网络，这给了太多拖延的借口和便利，我们唯一能做的就是远离手机、远离网络。

第 2 章

拖延的心理危害：拖延不是病，养成习惯真要命

拖延与颓废：能力在拖延中衰退

拖延是一种很坏的习惯。今天该做的事拖到明天完成，现在该打的电话等到一两个小时后才打，这个月该完成的报表拖到下个月，这个季度该达到的进度要等到下个季度，等等。

因为拖延，没有解决的问题，会由小变大、由简单变复杂，像滚雪球那样越滚越大，解决起来也越来越难。从自身角度来说，过了一段时间，当你再次想起来强迫自己继续时，你会发现自己无法具备当初的工作能力了。事实上，拖延将使你的能力不断衰退。

林晃在一家公司做产品工艺设计员，他经常埋怨、找借口、推卸责任，还利用工作时间和同事聊天，把工作丢到一旁而毫无顾忌。别人提起，他总是说："等一会儿再做""明天再做，有的是时间"……

渐渐地，他做事变得拖沓起来，效率低下。要他星期一早上交的方案，到了星期二早上依然尚未做完，经理批评他，他就带着情绪工作，把方案做得一塌糊涂。后来，林晃在接到工作任务时，不是考虑怎样把工作做好，而是能拖则拖，没有主动性。时间长了，他已经无法掌握工作的要领了，而且因为同事们的迅速成长，他成了公司最末流的员工。因为能力低，不能按时、按质完成工作，经理也不愿再交给他重要任务，只让他做最简单的方案。

如果我们总是在说，“我应该去面对它，但现在对付它还为时过早”，那么，你的“拖延症”将最终导致工作能力的不断退化。

可以说，拖延是最具破坏性的，它使人丧失进取心、迷失方向。一旦开始遇事拖拉，就很容易再次拖延，直到变成一种根深蒂固的习惯，为自己的成功制造不可逾越的鸿沟。任何憧憬、理想和战略，都会在拖延中落空。

初入职场的年轻人身上往往有一股逼人的朝气，但职场“老人”则经常打击他们：“等你们混得久了，就不会这么有激情了。”当年轻人也逐渐变成职场“老人”时，他们大多数人会发现当初的“老人”的话真的很对，以至于很多人将“岁月就是一把杀猪刀”的话挂在嘴边。

已经在公司混迹了四五年的“老人”曹伟也经常这样。遥想刚进入这家公司时，那时候可真是雄姿勃发。进入了自己喜欢的行业，他期待着在职场上大展拳脚，尽情地发挥自己的才能，感觉前途一片光明。当时，每接到一个新任务，曹伟都全身心地投入，总是以最快的速度、最好的质量来“交差”。站在如今的角度回头看过去的成品，甚至觉得有点“小儿科”，可那时的自己一直在进步，而现在总是感觉自己在“吃老本儿”了。他甚至有点不太喜欢现在的自己。

他回想起自己目前的状态：不管什么事，总是要拖到最后才开始去做，一点自控力都没有；但凡稍有麻烦的事情，都坚决持逃避态度，心想着“烫手的山芋接不得”；被动地接受现状，很少主动研究存在的问题。遇到棘手的工作内容，曹伟就想着退缩、辞职不干；就算是手到擒来的工作内容，做得也是马马虎虎，可能是因为心里有底，就更加不会全身心地投入了。

生活的可怕之处就在于此：安于现状。最尴尬的就是曹伟这样的，整个人却又像是被卡住了一般，不安心就这样混下去，但又习惯了以拖延来适应现状。

拖延症害人，这是绝对的真理。你一手促成的拖延将侵蚀你的意志和心灵，消耗能量，摧毁创造力，阻碍你个人潜能的发挥。

每个人在自己的一生中，都有着某种憧憬、某种理想或某种计划，假如能够将这些憧憬、理想与计划，快速加以执行，那么，其在事业上的成就不知道会有多大！但是，如果人们有了好计划后，并不去快速执行，而是一拖再拖，就会让热情逐渐冷淡，让能力逐渐消磨，计划最终会失败。

如果拖延的问题不解决，恐怕这辈子都只能浑浑噩噩地度过了。

在拖延中流失机会

博弈论中有个“分蛋糕博弈”模型，其基本含义就是：当我们在谋划如何获得最大利益的时候，收益有可能在不断缩水。

机不可失，时不再来，这是很多人都明白的道理，但是仍然有许多人习惯了拖延，当行动起来的时候，最好的时机已过，过去所有的努力都白白浪费了。

许多人做事总喜欢拖延，殊不知，选择现在不做，也许就等于选择了永远也不做。“沸水煮青蛙”能说明这个道理。

把青蛙直接扔进沸腾的水中，青蛙的神经刺激反应很快，它会马上跳出来。反过来，如果把青蛙先放进 20 ~ 30℃的温水中，再给水逐渐加热，直到沸腾为止，这个过程中青蛙没有任何反抗，直到最后被活活烫死。

水温过高，为了保全性命，青蛙会毫不犹豫地立刻跳出，所以青蛙在第一种情形下安然无恙。但是，如果一开始把青蛙泡在温水中，它会忘乎所以地在水里游来游去，根本就察觉不到水温在变化，神经系统反应也不灵敏，等发现异常时，已经奄奄一息，没有跳离沸水的力量了，只能坐以待毙。

这种情形也发生在人身上。我们常常习惯于安于现状，习惯于在接到任务的时候能拖则拖，不到紧急关头不愿意有所行动，等到时间越来越长，到最后错过了最好的行动时机，就如置身于水深火热之中，苦不堪言，工作业绩也一蹋糊涂，什么事情也干不成。

好的机会往往稍纵即逝，如果当时不善加利用，错过之后就将后悔莫及。很多人都能下决心做大事，但是，只有一部分人能够选择不拖延，也只有这部分人是最后的成功者。

1973 年 6 月，在美国哈佛大学，18 岁的科莱特认识了与他同龄的一个年轻人，这个年轻人长着一副娃娃脸，满头金发。大学二年级那年，这位小伙子邀请科莱特一起退学去开发 32Bit 财务应用软件。

这对于科莱特来说，是他想都没想过的问题，因为他来哈佛是求学的，不是来闹着玩的。再说，关于 Bit 财务应用软件，他们的导师才教了点皮毛，要开发 Bit 财务应用软件，还有诸多的困难。他委婉地拒绝了那位小伙子的邀请。

10年后，科莱特成为美国哈佛大学计算机Bit财务应用软件方面的学者，而那位退学的金发小伙子则在这一年进入了亿万富豪排行榜。当时间到了1995年，科莱特准备研究和开发32Bit财务软件时，那位金发小伙子则已开发出Eip财务软件，其性能比Bit软件快1500倍，并且在半个月内占领了全球市场，这一年他成了世界首富。这个金发小伙子有一个代表着成功和财富的名字——比尔·盖茨。

如果当初盖茨有了创立公司的想法，有了献身IT事业的决心后，却等到大学毕业才开始，这中间难保受另外的想法的冲击。如果真是这样，也许我们今天看到的世界首富也就不是盖茨了，那个在IT行业占尽风头的也就不是微软公司了。

做事情拖延、找借口的人总是把事情推到明天，今天想明天，到了明天却又怀念昨天，殊不知，现在的时光是你能够有所作为的唯一时刻。只有在当下马上行动，才能在日后有所收获。

须知道，人生有很多机会，都只出现一次，然后就再也没有了。如果我们面对这绝无仅有的机会，由于惧怕和其他种种问题而不去做的话，机会就一去不复返。所以，拒绝拖延的恶习，这才是优秀者应有的态度。

你拖或不拖，问题都在那里

你打算什么时候开始完成手头上的项目？你在等什么，还有什么没准备好？你在等待别人的帮助还是等待问题自动消失？无论我们如何拖延，问题依然存在。只有积极行动起来，才能让问题消失，这才是解决问题的关键所在。

拖延并不能使问题消失，也不能使解决问题变得容易，而只会使问题深化，给工作造成严重的危害。与其把时间浪费在拖延上，不如把时间省下来，多想出几个解决方案。

大多数人面临问题的时候，总是习惯性地寻找各种理由为自己的懒惰、懦弱、无能和失误做掩饰，但这根本就是饮鸩止渴，不能为问题的解决提供任何实质性的帮助，甚至使问题变得更加复杂，更加难以解决。很多时候本可以及时处理的一个小问题，却因为拖延，最终变成了工作中最难啃的一块“硬骨头”。

李平是一家企业的经理助理。3 年来，他勤奋努力，事必躬亲，比经理还要忙，可不但没有任何升职加薪的迹象，而且让经理到了忍无可忍、想要换人的地步。这究竟是为什么呢？李平有个致命的缺点：非拖到不能再拖的时候，才动手去处理，结果使问题越积越多。

有一次，经理要赴国外公干，要在一个国际性的商务会议上发表演说。他交代李平把所需的各种物件都准备妥当，包括演讲稿在内。李平想时间还有一周呢，等会儿再做吧。他突然想起上几周那些复杂的销售报表还没写，需要报到总部的销售分析报告也还耽搁着。他吓出一身冷汗，立即忙了起来。好不容易忙完了，他刚想歇会儿的时候，经理就打电话问李平："你负责预备的那份文件和数据呢？"于是他立即着手去做，熬了一个通宵终于在第二天早上把文件交到经理手里，但是经理的脸色始终阴晴不定，因为他明显看出文件准备不充分。

李平的忙碌没有获得应有的回报，拖延使得工作上的问题像滚雪球那样越滚越多，越来越难以解决，使他心力交瘁、疲于奔命。

任何事情的完成都不是一帆风顺的，在工作的过程中很可能荆棘密布，在困难面前我们应该如何行动呢？当任务降临时，应该以一个勇者的姿态来面对困难，筹划对策，积极执行。

稻盛和夫在进入公司大约一年时，便接受了一项新任务。他负责研究开发一种叫作"镁橄榄石"的新型陶瓷。它绝缘性能好，特别适用于高频电流，是用作电视机显像管最理想的绝缘材料。与当时另一种比较传统的材料滑石瓷相比，它的优势非常明显，应用已呈现爆发式增长。

这种新型材料在合成成型方面却没有成功先例，可谓是前无古人。无论是对于稻盛和夫还是对于公司来讲，“镁橄榄石”的研发都是一只拦路虎，来势凶猛、迫在眉睫又极具挑战性。

单位里设备简陋，稻盛绞尽脑汁反复试验，可结果总是不理想。于是他昼夜不分、苦思冥想，几乎痴狂地进行试验，最后终于合成成功。

后来稻盛和夫得知，成功合成“镁橄榄石”的除了自己，只有美国的通用电气一家。所以当时稻盛研发的“镁橄榄石”成为业界的焦点。

最早以“镁橄榄石”为材料开发成的产品是“U字形绝缘体”。松下电器产业集团中负责显像管生产制造的一个部门向京瓷下了订单。当时日本家庭显像管式电视机开始普及，“U字形绝缘体”作为电子枪中的绝缘零件，最为理想不过了。

开发中最棘手的问题是“镁橄榄石”粉末非常松脆、不易成型。像和面一样，需要有黏性的材料。添加黏土可以增加黏性，但无法去除其中的杂质。

稻盛和夫每天思考、反复试验，费尽心思却不得要领。

有一天，稻盛和夫一边想着如何解决这个难题，一边走进实验室。他不经意间被某个容器绊了一下，下意识一看，鞋上沾满了实验用的松香树脂。就在那个瞬间，他脑海中灵光一闪：就是它！

稻盛和夫立即将松香与陶瓷粉末合成，这次成型成功了，而且将它放进高温炉里烧结时，松香都被烧尽挥发。这样成品“U 字形绝缘体”中就没有任何杂质了。曾那么令人头痛的难题居然迎刃而解。

拖延是一种消极的心态，往往会使问题的难度增加，于解决问题无益。我们在工作、生活当中更需要告别拖延，积极地面对和解决所有的问题。遇到困难和问题不再选择拖延，这是我们从稻盛和夫的经历中得到的启示。如果稻盛和夫找点借口，对工作拖延、打折扣，最后的结果可想而知，他不可能拥有创造价值的机会。

不拖延，这是面对困难和问题时的一种积极态度，也是使自己不断进步的重要保障。

“压力山大”很烦人

也许有人觉得，压力会带来动力。没有压力我们会变得更懒散和拖延。因此，给自己压力往往成了这些人战胜拖延的“秘诀”，但其实不是这样。

不少拖延者的一大谎言是，认为时间的紧迫会让他们更具有工作效率。惯于拖延的人可能有这样的借口，如“我明天会更乐意做这件事”“我在压力下能更好地工作”，而实际上，等到了第二天，照样没有工作的热情，在压力下也不见得工作出色。

心理学家张侃认为，工作越多、压力越大，越容易拖拉。可以说，拖延总是伴随着压力而生的。压力会在很多方面造成拖延，巨大的压力让我们逃避带来压力的工作。

心理学家发现，尽管压力感可以带来一定的效率，但一件事拖到最后，会面临巨大的时间压力，在这种压力的逼迫下做事，会消耗更多的心理能量，让人充满忧虑、焦灼和内疚感。

压力和动力之间的关系，是一个倒 U 形曲线。当压力强度在曲线转折点的那个最高点上，人的潜能最容易被激发，压力最能创造动力。但是过了这个值以后，压力会产生更多焦虑、抑郁等负面情绪，当我们自觉无法应对压力时尤其如此。于是我们陷入了这样的怪圈：压力越大，我们越需要时间和精力来放松。放松后回头一看，原本就很紧迫的时间又消失了些，压力更大了，只好继续放松。压力和拖延就这样形成了恶性循环。

某大学的小李本是品学兼优的学生，父母为供他读书四处举债，而这让他感受到了不少压力。大四那年，小李却面临这样的窘境：如果无法在一学期之内修完之前落下的 6 门课，他就要被延期毕业，甚至退学。可就在这时候，他沉溺于网游。他完全知道自己顺利毕业参加工作对这个家庭的意义，但是在此时他却选择了逃避。他甚至想，毕不了业去干体力活，也能帮家里分担负担。小李的拖延症很大程度上来自家庭经济压力。

人有一种“习得性无助”的无奈感，时间压力有时候让人产生这样的习得性无助：那种我再努力也无法赶上时间进度的感觉。这时候，压力除了制造焦虑，再也不会激起人努力的欲望了。从这个角度来说，压力是拖延症最忠实的盟友，甚至可以说，拖延症的问题，某种意义上，也就是压力管理问题。

晚上，高波坐在客厅里看电视，但是显得有点无精打采。老妈在屋子里忙前忙后，看到有点不在状态的儿子，她问：“出什么事了，怎么像霜打的茄子？”

“没事，就是最近特别烦！”高波在老妈面前倒也不伪装。

“你去玩会儿游戏吧！心情烦的时候，就去玩游戏。”老妈绝对是最心疼儿子的人，想方设法让儿子不受委屈。

“这几天我也没有玩游戏的心思，没什么意思。玩的时候，一直想着还有工作没做出来，周一就得交方案了，心里特别着急。一着急吧，游戏就玩不好，总是输，然后就更心烦，整个人都不在状态。”高波如实地说出了自己的困扰。

“后天就要交了，那你怎么还在这里待着？赶紧去做啊！”老妈显得十分着急。

“我知道时间很紧，可就是不想动。一想起工作的事，半天都找不到头绪，不知道死了多少脑细胞。昨天我就挺烦的，可想着不是还有今天吗？也就没往心里去。可到了现在，我还是静不下心来，一直拖着没动，我心里都快急死了……”

高波嘴上虽然很着急，但是还是窝在客厅没有动弹。其实，深受压力而又选择拖延的人，何止高波一个人呢？所有拖延的人都似乎有同样的表现，心里压力山大，手里却还在点着微博、微信、淘宝，绝对会将工作拖延到最后一刻。

很多人在工作的时候，有这样的体验：工作任务不紧的时候，他也不会早早完成工作，假模假式地在那里耗着。等到压力真正降临时，他又开始焦头烂额，一边抱怨压力大，一边辛苦地干活，但他不知道这些压力都是自己造成的。

如果我们从一开始就有条不紊、从从容容地开展工作，心里应该会更加踏实，完成任务之后也会更有成就感。不过，这样的感受，受压力困扰的拖延症患者似乎很少体验过。他们所感受到的，不过是拖延与压力恶性循环之后带来的烦恼和苦闷。

失败旋涡：无尽的挫败感

在大多数心理学家看来，拖延行为缘于压力以及个人效率的降低，而这些感觉综合起来，往往又加剧拖延行为。与拖延症相连的是眼中的挫败感和一连串心理问题，因拖延未完成任务而对自己失望，继而产生挫败感。随着一次又一次相似的经历，这种挫败感周而复始。

人们常常可以在日常生活中感知到“挫败感”。人类有“自由竞争”的天性，在面对问题的时候，“战斗”或者“逃避”是人的本能意识。结果自然也会有成功有失败，成功者当然是积极奋进的，而失败者面临的状态则是另一种了。

一旦人们预知到自己即将面临可怕的失败，人首先就会启动生理的应激机制，瞳孔开始缩小，心率开始变慢，肾上腺素暂停分泌，机体供血紧张，头脑开始变得不那么清醒，四肢肌肉开始松弛，一切机体运作都开始向着“收缩、退避”的方面做准备。

而在心理上，当“挫败”不可避免地到来时，我们所能够感受到的首先是巨大的恐惧、无助、慌乱、不知所措。有些人想要尽力否认自己已经遭受到了“挫败”，想方设法通过拖延以逃避这种“挫败”给自己的心灵带来的创痛。

刚出校门的艾伦给人的印象是工作非常勤奋，甚至常常通宵达旦地工作。但领导和同事眼中，他却不是一个优秀的员工。

这并不是说艾伦的工作能力不强，他在大学阶段是公认的优秀分子，学习成绩一直名列前茅。当他进入这家广告设计公司后，原本豪情万丈的他却接连遭遇了挫败。“初生牛犊不怕虎”，他刚进公司时接手的几个项目遭遇了领导的否决，有时候绞尽脑汁连续加班的项目，领导依然不满意。频频受挫，让艾伦对失败的恐惧越来越重：“难道我真的这么差劲吗？”这样的心理包袱让艾伦感到十分疲惫，时间一长，再接到项目时则是能缓一时则缓一时，他患上了严重的工作拖延症。而拖延导致的结果是经常加班，那些仓促完成的项目也不能令领导满意。在琐碎繁杂的工作中，艾伦感到自己身体中的负能量越来越大，但他又毫无办法。

拖延导致的挫败感，让人在不知不觉中选择逃避，选择后退。人一旦失去了前进的动力，后果可想而知。

那么，应该怎样调节自己来应对拖延和“挫败感”带来的恶性循环呢？

首先，寻求稳定的心绪。对于一个有“挫败感”的人来说，恢复平日的镇静和从容，对于自身境况才可以有一个比较冷静客观的评价。

其次，能够对“挫败”本身予以足够的理解。俗话说“塞翁失马，焉知非福”。正确地认识到不是所有的竞争都可以成功，不是一定要自己永远走在一条成功的、前进的道路上。千万不要一受挫就万念俱灰，如果没有一颗积极准备应对挫折的心，怎能够见到更为美好灿烂的明天？

再次，要能够积极地对现实的“挫败”进行评估。做出相关的决定，尽量阻止失败的扩大化，把握积极主动的机会，以减少可能带来的更多更大的损失。

最后，找出失败的原因和问题所在，寻找积极应对的策略。找到可以实现的补救策略，下定决心，向失败发起进攻，千万不要用拖延来应对。

对于我们而言，要克服因失败恐惧而导致的拖延症，就必须学会用发展的心态看待问题。暂时的挫败只是给自己一个加倍努力的理由，实在没有什么可怕的。

拖延你好，成功再见

一些习惯拖延的学生会说：“许多人都在玩，我又何必这么紧张呢？”那些习惯拖延的职员会说：“大家都这样工作，我又何必这么认真呢？”那些习惯拖延的人会说：“等以后再努力，今天又何必这么努力呢？”……

每当要付出辛劳时，总是能找出一些借口来安慰自己，总想让当下的自己轻松些、舒服些。人们都有这样的经历：清晨闹钟将你从睡梦中惊醒，你想着该起床了，一边又不断地给自己寻找借口“再等一会儿”，于是又躺了5分钟，甚至10分钟……

拖延的背后其实是个人的惰性心理在作怪，因为选择了借口就意味着能享受到“便利”，同时也带来了“思考放弃症”。在享受“思考放弃症”带来的便利的同时，也推掉了可能降临的机会。

当J先生还在上小学的时候，他不想做老师布置的作业，他对自己说：“不要紧，老师布置的功课太多。”参加工作后，面对工作上的种种难题，他又对自己说：“刚毕业的学生，不懂的地方多着呢。”中年的时候，和J先生同时进入公司的同事，都已经节节升迁。J先生却不以为然地说：“他们不比我聪明多少，只是机遇比我好一点罢了。”

在他退休的时候，一切在轻松悠闲中已经过去了，他什么也没有得到。J先生这时才蓦然发现，往事不堪回首：“其实有很多机会，我抓住了都可能获得晋升。比如有一次，公司想派我到西部去掌管分公司，但是需要我在一个项目上展现实力，但自己因为拖延没有把项目做好。”

一旦因为拖延替自己开脱责任后，人的一生自然会享受到种种“便利”，但最终也会注定人生的碌碌无为。

我们盘点自己的得失时，对拖延的利弊应该有更清楚的认识：拖延得到的暂时“便利”，终会换来今后的“沉重”人生。

小郭工作5年来，不仅没有得到晋升，甚至面临着失业。是什么导致了他这样的境遇？

刚进公司的小郭是个非常有竞争优势的年轻人。顶着名牌大学毕业生的光环，但是，他来到这家公司后，发现现实与自己的理想有偏差，对工作、企业都产生了抵触情绪。他觉得自己的学历比别人高，能力比别人强，却屈尊在小公司里，于是终日昏昏度日，有事情也不积极解决，能拖则拖，寄希望于时间可以解决一切。

更让同事们不能容忍的是，他总是仗着资历老，在紧急的项目面前不紧不慢的，“别着急啊，这个工作我做了几年了，两天就完了。”“现在没兴趣，过几天再说吧。”在小郭的拖延中，很多问题得不到解决，和他一组的同事因为他一起受到了公司的惩罚。

同事们不愿再与他协作，上司也对他产生了看法。而小郭却没有意识到自己的问题，对待工作仍改不了拖延的毛病。5 年时间下来，小郭做好的项目屈指可数，上司越来越不满意他的表现了。

与拖延拥抱，也意味着与幸福远离。看“幸福”的“幸”字很有意思，它和“辛苦”的“辛”字长得很像，简直是一对孪生兄弟。在“辛”上多一点努力就变成了“幸”，或者说辛苦跨一步就是幸福。这也正说明了辛苦和幸福的关系，辛苦一下，幸福就来了。选择不拖延，多一点辛苦，幸福和成功也就近了。

第3章

世界上有『拖延基因』吗：那些与生俱来的心理顽症

人性的弱点：拖延与生俱来

有人认为，拖延就像蒲公英。某段时间以为自己已经除掉了拖延症，以为它不会再长出来了，但是实际上它的根埋藏得很深，很快又“长”出来了。对某些人来说，拖延症根深蒂固，无法轻易根除。

当别人诟病你的拖延症有多严重时，你可以辩解说这不是你的问题，因为很可能拖延症是天生的。美国科罗拉多大学研究员的最新研究发现，拖延症受基因影响。这是基于对 181 对同卵双胞胎和 161 对异卵双胞胎的研究得出的推测结论。

研究在美国科罗拉多大学波德分校进行，其结果显示人类拖延的倾向可以在基因中找到根源。这也解释了为什么每个人都或多或少有一些拖延的行为。

也就是说，确实有一些生物上的因素会导致拖延症。比如，如果你患有某种程度的注意力缺失、执行障碍、季节情绪紊乱、抑郁症、强迫症、慢性紧张或者失眠，在这样的一些情况中，在你大脑中运行的这些生化因素很可能跟你的拖延有着密切的关系。

在对以下内容的了解中，我们每个人都可能受益匪浅，你也可以运用这些知识来帮助自己克服拖延症。

1. 你的大脑处在不断的变化中

我们的生活经验激发了大脑细胞（神经元），将电子脉冲从一个神经元传导到另一个，并释放出生化信息，促使这些神经元在数量上不断增长，也在连结度上不断紧密化。你做某件事情越多，你的大脑就对那个活动反应越多；它会把被要求的事情做得越来越快、越来越好（不管对你来说是好事还是坏事——强化旧的顽固行为），这个就叫“可塑性悖论”。

2. 无意识的感受会产生恐惧

你推迟做出决定是因为你害怕去做。拖延者企图逃避的不是某个任务，而是由这个任务引发的某种感受！为了不再拖延，你将不得不忍受某些不舒服的感受，比如恐惧和焦虑。不顾恐惧而继续向前需要加倍的勇气，因为恐惧是被瞬间触发的，一旦在体内运行，它就一直在那里，它还会给大脑发送强烈的难以抵挡的信号。在你想到去做那个你一直在逃避的事情的时候（比如打个电话、写论文），你的身体马上对这样的恐惧做出了躲避反应，所以也难怪会拖延。

也许这来自无意识的危险或恐惧的感受，让你不知道自己为什么要逃避某一件事情，但是每次你都逃开了。

3. 潜伏记忆的影响

如果你在一件事情上拖延，但是又不能找到让你恐惧或不舒服的确切原因，那么很可能是受到你潜伏着的记忆的影响。你可能不记得这个经验本身，但是你的大脑和身体对此发生了反应，产生了一阵情感痛苦，从而导致你逃避这件事情。

虽然你无法记起让你陷入逃避的原因，但是你埋藏在深处的记忆，包括恐慌、羞耻、负疚、厌恶和自责等挥之不去。这时，只有发挥你的理性思考能力，让被激发的潜伏记忆乖乖听话，抑制住潜伏记忆的不利影响，而不再拖延。

4. 低自尊也是拖延症的一大原因

有人在不经意间卷入了一场怎样看待自己的挣扎：你是有能力的吗？你可以有自己的想法吗？你值得被爱、值得被尊敬吗？而这种不自信的想法无疑促成了拖延行为的发生。

5. 左逆转

科学家认为，在人的大脑左半球的某一个部分（左额叶）是跟关照、感应和同情这样的感情有关的。当这个区域被激活，我们就会感到放松，对世界怀着开放的心态；相反，在一种不舒服的、负面的情绪中，我们就会倾向于撤退到自己的世界中。主管这些负面情绪的部位是在大脑的右半球。

友善地对待自己会刺激大脑的相应部位，也就是所谓的“左逆转”，从而创造出一种与抗压感和健全感良性循环的状态。而这些东西跟拖延症有很大的关系。

通过左逆转，能够平复自己的心情，并以同情和友善的态度对待自己，一件事情或者一个处境，无论它们让你生气、恐惧，还是让你受到威胁或者感到无聊，如果你能够正确地对待它们，你就不会陷入拖延的泥沼。

当你拖延着做一件难事的时候，你的大脑依然显示出恐惧的迹象，你马上会感到负面情绪向你袭来。如果此时你能够以一种新的方式应对这种反应，用鼓励的态度来对待自己。一个友善的声音会给你足够的安全感去走进这个不舒服的情感地带。随着时间推移，通过练习，你就会展现出和以前拖延状态不一样的状态。

我们相信，你越能够在内心创造出一个积极的状态，那么你成为拖延症患者的可能性也就越小。

诡异的心理症结：拖延带来的劣质快感

拖延，许多时候是我们的“朋友”，这似乎有点让人难以理解。没错，拖延能给人带来快感，试想，拖延这种看似适应不良的行为能够持续地存在下去，一定是有原因的。这种原因通常是：在看似痛苦纠结的表面背后，拖延行为使得个人获得了某些好处。

拖延带给我们很多快乐和满足，比如说，不少人把所有事情都拖到最后一刻完成，那么在最后一刻到来之前的那些时间，他完全可以自由支配自己的时间，如果不是有“拖延”

的帮助，他们哪里能享受“偷得浮生几日闲”？

不过，这种快乐和满足是要付出代价的。如果任由我们满足自己“好逸恶劳”的天性，不加以引导和控制，这种愉快感就难以为继了。这就像一个人很享受美食，但不加控制地吃，很有可能出现身体健康问题。对于拖延者而言，拖延者预先过多地放纵了自己去享受自由时光，而没有对这种满足感进行适当控制。而且，正因为每次都是轻松悠闲的诱惑在先，痛苦纠结的期限在后。拖延者往往好了伤疤忘了疼，一次又一次走入先快乐后痛苦的过程。

不少大学生都有这样的体验，到学期期末考试期间，总是忙得焦头烂额。临近期末，各种考试临近，本应在平时就扎实完成的作业和复习任务，把学生的日程堆得满满当当。无奈，只得日日夜夜地努力奋战：白天去考试，晚间挑灯夜读。实在困得不行了，就趴在桌子上睡上一两个小时。

如果期末刚巧有几门考试和论文的期限凑在一处，那就不得不连续几天“开夜车”：一面努力复习，一面又担心时间不够用、考试挂科，后悔自己没早点开始复习。那几天真是又焦虑，又后悔，又自责，又内疚，又得努力干活，不能睡觉。忙得昏天黑地，内心各种挣扎纠结。在此时，他们一般会下定决心下次不会这样了。但真到了下一次，又故伎重演，重蹈覆辙。

不少人习惯拖延，往往把所有事情拖到最后一刻才完成，更有甚者，到最后一刻也没有完成。

有些人总是习惯等到最后一刻才行动，特拉华州大学的心理学家 M. 朱克曼认为这样的人所追求的是：寻求刺激。他说：“这类人需要肾上腺素迅速上升带来的刺激感，宣称有压力才有动力，在高压下做事，才能获得这种刺激感。事实又如何呢？他们在有限的时间里，往往根本没办法很好地完成任务。”

的确，我们经常听到有人信誓旦旦地说：“没问题，肯定能做好。”可结果往往是，到了最后，发现很多想处理的问题根本来不及处理了。

对这样的现象，朱克曼教授又解释说：“你一次又一次地推迟完成工作计划，直到越来越接近临界线，你错误地认为，这是最好的完成任务的方法。此时，你所经历的任何一种情感上的满足，并不是你继续拖延的动机所在。相反，你所体验的‘刺激感’是在时间所剩不多的情况下，匆忙赶工产生的一种焦虑感，这种情感是拖延产生的结果，而非原因。”

这也就是说，对于工作非要等到火烧眉毛了才挑灯夜战的情况，实际上就是在寻求刺激，盼着最后几分钟的忙碌所带来的劣质快感。因为他们认为，自己到了紧迫的程度，才能把内在的潜力给逼出来。不过，这只是一厢情愿的看法。

德保尔大学著名的心理学教授约瑟夫·费拉里讲述过这样一件事情。伦敦某家报社，通常要求记者们周一上报自己的选题，周二则召集 12 个小组的编辑召开会议，选出这一周最为满意的主题。这 12 个小组彼此之间相互竞争，毫无理智地抨击别人的构想。就这样，他们一般会拖到周五才能选出哪个构思最合适。

不过，此时离周日的出版时间已经很近了。这就迫使那些被最终拍板的选题作者在有限的时间里拼命地赶稿。时间如此紧迫，他们根本就没有任何修改稿件的工夫。刊载出来的东西，质量就可想而知了。

看来，寻求劣质刺激的不只是一个人两个人，而是一种普遍现象。可不管是谁，不管是怎么个拖延法，要承受的代价是一样的。如果你一味地放纵自己的小延迟，一再地享受最后完成工作的快感，当有一天压力积聚到你的身体和大脑完全不能承受的时候，后悔就已经晚了。

找到你的心理舒适区

所谓心理舒适区，它是指人们习惯的一些心理模式，是让人感到熟悉、驾轻就熟时的心理状态。如果人们的行为超出了这些模式，就会感到不安全、焦虑甚至恐惧。

拖延始终是人们维护心理舒适边界的一种方式，但是，用推迟和拖拉来换取内心的舒适，这并不能解决根本问题。

人们必须面对问题，将解决问题看成一次心理成长的机会，拖延或许可以让自己找到暂时舒适的状态，但它也阻碍了个人的进步和成长。

心理舒适区的最大功用是逃避社会现实压力。之所以说逃避社会现实压力，是因为环境在不停变化，现在的舒适区肯定不能是一直觉得舒适的条件，必然面临更多的挑战而会变得不舒适，而心理上一旦产生惰性，就会导致停留在现有的舒适区，从而忽略这些让人觉得不舒适的环境变化带来的挑战和压力。

很多人选择拖延，一直不愿从事“痛苦”的工作。这是强烈的维持现状的心理在作怪，不想从惬意的状态里走出来。比如说你明天必须交一份策划文案，但你此时坐在沙发上，迟迟不肯起身。这是因为你沉浸在自己的安逸中，现在这么舒服，何苦要去做“痛苦”的事呢？

从沙发到办公桌，需要很大的心理跨度，这对拖延症患者来说，是很难做到的。而分析更深层次的原因，则是人的惰性。惰性是大部分人们沉溺在自己的舒适区的性格因素，这个因素最终致使我们陷入拖延的境地。懒惰是一种恶劣而卑鄙的精神重负。人一旦背上了懒惰这个包袱，就会陷入怨天尤人、精神沮丧、无所事事的拖延状态，这种人注定不会受到别人的欢迎。产生惰性的原因就是试图逃避困难的事，图安逸，怕艰苦，积习成性。

实际上，打破自己的心理舒适区，需要改变自己的拖延行为，这是改变的开始。

有位妇人名叫雅克妮，现在她已是美国好几家公司的老板，分公司遍布美国 27 个州，雇用的工人达 8 万多人。

而她原本是一位极为普通的妇人，她的生活波澜不惊。后来由于她的丈夫意外去世，家庭的全部负担都落在她一个人身上，而且她还要抚养两个子女。在这样贫困的环境下，她被迫去工作赚钱。她每天把子女送去上学后，便利用余下的时间替别人料理家务，晚上，孩子们做功课时，她还要做一些杂务。这样，她再也找不到自己的心理舒适区，她需要一刻不停地工作。

后来，她发现很多现代妇女都外出工作，无暇整理家务。于是她灵机一动，花了 7 美元买清洁用品，为有需要的家庭整理琐碎家务。这一工作需要自己付出很大的勤奋与辛苦。渐渐地，她把料理家务的工作变为一种技能。后来甚至大名鼎鼎的麦当劳快餐店居然也找她代劳。雅克妮就这样夜以继日地工作，终于使订单滚滚而来。

人们选择拖延，很可能因为当前所处的环境很安逸、很舒适，这样的环境让你产生心理舒适区也是正常的，但是我们需要的是摆脱这种安逸的环境。沉溺于现状而无法自拔的人，最终有可能被溺死在现状里。

从积极的人生角度来讲，我们应该正视拖延中的心理舒适区，及早走出自己的心理舒适区，才能获得更大的工作成就和自我价值。

拖延与焦虑是一对孪生兄弟

拖延和焦虑的关系，犹如焦不离孟、孟不离焦的一对孪生兄弟，它们亲密无间，可以说是世界上最好的搭档。

心理学家不乏对焦虑和拖延症之间关系的研究，研究表明，焦虑感的增加与拖延症有很大的关系。当你因为任务完不成而产生焦虑的时候，你是否还记得这种变化是因为拖延而产生的？拖延了之后你是感觉暂时放松了还是感觉持续的焦虑？当截止日期愈来愈接近时，你的焦虑感是不是又急速攀升了呢？

不少人使出拖延这一缓兵之计，可能会使自己暂时摆脱焦虑感的折磨，甚至可能说服自己享受片刻的舒适。但事实上，焦虑感并未消除，你十分清楚这些被拖延的工作和决定是必须做的，随着最后期限的逼近，你的焦虑感也就随之上升。

拖延的罪恶感和对无法按时完成的恐惧感也会大大降低你的工作效率，这会让你身心俱疲，然而拖延与焦虑相互作用的整个过程还是会周而复始地出现。

但是，最初的焦虑感究竟来自何方呢？一开始是因为什么要推迟自己手头上的事呢？其实，焦虑感可能来源于不同情绪的杂合，其中主要包括自我怀疑、对失败的恐惧等。

我们都有这样的体验，当认为自己有能力完成事情的时候，往往就能又快又好地去做。如果你怀疑自己的能力，由于害怕面对失败的窘境，又会发生什么呢？你很有可能出现拖延的行为，为了拖延而焦虑。这种自我怀疑让许多拖延症患者举步不前。

有些人对自己正在做的工作感到担忧，这种负面的、消极的情绪会拖累那些本来有实力，可以拥有光明前途的人。实际上，很多被公认将拥有大好前程的人，往往都是最害怕失败的，因为期望过高导致他们更容易失望。

有的人可能本身很优秀，但是为了追求成功，却害怕提出不合适的观点或错误的方案，于是，他们在开会的时候总是保持安静。当他们害怕上司对自己失望，这种异常的焦虑和恐慌使他感到寸步难行，唯有通过拖延来逃避这种焦虑感。

害怕失败正是造成焦虑和拖延的重要原因之一。当面对可能发生的失败时，有些人会让自己失败的画面整夜在脑海中生动上演，而这又加深了自己的焦虑。从某种程度上来看，拖延症能帮助逃离这种恐惧。

一个缺乏自信的人，在人生的道路上是怯懦的，他们害怕被否定，害怕被质疑。因为害怕，他们选择了拖延，而拖延带给他们的除了暂时的心理舒适外，更多的是循环往复的焦虑。

马艳从大学毕业后，就成为县一中的语文老师。学校领导对这个师范大学高才生另眼看待，她一入职就让她担任高一重点班一班的班主任。然而，高才生马艳却辜负了学校领导的期待，期末考试时，一班的成绩竟然还不如普通班，这简直有点儿说不过去。

而马艳面对这样的结果，她也进行了认真的反思。这一学期以来，她工作压力并不小，虽然她刚刚入职，没有任何经验，却被委以重任，这让她心中发虚，很长一段时间都在心里打鼓，生怕自己做不好班主任。而这种自我怀疑也让她下意识地在规避一个班主任的责任，这让她变得焦虑，同时为了缓解这种焦虑，她对班级管理工作能拖就拖，实在拖不了也敷衍以对。这样一学期下来，这个班级的管理当然是一团糟。

当马艳找到自己的症结后，她不再拖延，不再逃避，此后花了更多的心思在班级管理上，与此同时，她的焦虑以及压力也大大减轻了，而一班最终也成为“学霸”班。

当你选择相信自己的时候，你会发现困难是如此的脆弱。拖延不可怕，焦虑也不可怕，可怕的是我们对自己的看法。拿起“自信”之刀，将“拖延”的荆棘通通砍倒，我们将会迎来人生的阳光大道。

承担不自信的恶果

拖延产生的根本原因之一便是不自信。因为不自信，所以恐惧；因为恐惧，所以拖延；因为拖延，所以不自信。这种恶性循环的次数越多，对心灵造成的伤害也就越大。

这绝不是危言耸听，身边发生的事实会告诉你真相。

莹莹是某所大学的毕业生，只不过毕业两年来，她却被归为“啃老”一族。对莹莹来说，她并不是不想去参加工作，更不愿意背负“啃老”的恶名。

家里人都为她的现状而着急。从小玩到大的表哥小杨问莹莹：为什么不去上班却选择啃老？莹莹很不好意思地说，因为现在各大公司要求比较严格，怕自己进去后，受不了公司的约束。表哥建议莹莹可以选择工作形式相对灵活一些的公司。但是莹莹又很快表示，好一点的企业招聘的都是名校研究生，自己只是一个二本院校毕业的本科生，很难进入好公司。而这是自己毕业后一直没有找工作的主要原因。

在莹莹眼里，总觉得自己学历不高，能力有限，她也想自己快点找工作，但总是觉得自己还没有准备好。以至于她为自己准备了好几份简历，但终究因为自信心不足，而一再拖延投递简历。

“等下个月，我把这本介绍互联网金融的书看完，再投简历吧。这样我的知识更丰富一些，面试时我也不担心。”

“等年底再开始找工作吧，那时候离职的员工比较多，很多企业开始准备招人，我有可能被录用。”

这些不自信的想法，让莹莹一次次拖延找工作的念头。她总是躲在自己的小角落里，害怕一出来就会受到伤害。莹莹总认为自己的状态还不够好，自己的知识还不够丰富，这种不自信导致她不断拖延，以至于自己最终成为别人眼中的“啃老族”。

至于恐惧在拖延症中所起到的作用，2009 年卡尔顿大学的提摩西 · A. 派切尔教授带领两位研究生通过研究并证明：导致拖延症的恐惧是多方面的，有人是因为缺乏信心而拖延；有人是害怕表现不好导致丢脸、伤自尊而拖延；还有人则是害怕自己失败了让自己最在意的人失望，所以才拖延。

在不自信的人眼中，他们会经常以自己构想的视角去看问题，他们经常用自己构想出来的结果打消自己前进的念头，比如他们可能会说：“那家公司的笔试题肯定非常难，到时如果我很多题答不出来，肯定会被鄙视的。”而这种不自信导致的后果当然是不断拖延了。

缺乏自信心会使人拖延，而拖延反过来又会影响人们的心理和精神，进而使人的自信进一步降低。人们会在拖延中滋生出更多的挫折感和自我挫败式的思维方式。同时，还会萌生出一些固执、荒唐的想法，影响对自身能力的评价。当一个人因为缺乏自信而一再拖延时，他的内心便会因此而产生更严重的内疚、自责和心理冲突，从而加重拖延。

怎么解决这些麻烦？问题不在于事情多难、压力多大，而在于——你得信自己，你更得信“你命在你不在天”！自信心建立起来了，你的拖延症也就治好了一大半。

你是否有“决策恐惧症”

有一种“决心型”的拖延者，他们没有办法下决心拿出自己的意见或决策，只好用拖延来回避。

决策恐惧意味着你害怕决定任何事情，也就是不管自己的婚姻、工作或是别的什么事情，总是因为父母、环境等影响，做出无奈的选择。而这背后，其实是自己的潜意识中不愿为自己的决策负责任。

安娜是公司新来的员工，她年轻、漂亮，对工作也比较认真负责，领导交代的任务，她都特别上心，对每一项任务她往往都会做出两种或两种以上的方案，拿到领导那里去请教。她会将每一种方案的优点、缺点进行分析，可就是从来不说自己认为哪种好，只等着领导做决定。

领导起初觉得这小姑娘还真不错，挺上进的。可后来，聪明的领导发现了一个问题：明明是交代安娜做策划案，自己的工作量却比原来多了。自己要花上近1个小时来听她讲述所有方案，这时间，完全够他跟老客户谈笔生意了。安娜介绍完了之后，他也不能闲着，还得把几种方案在脑子里进行对比，以判断哪个更好？

随着时间的推移，领导终于忍不住了，说："安娜，你能不能给我一份直接可用的方案？我没时间看那么多。"第二天，领导在办公室一直没有看到安娜的方案，他想："有可能是安娜这次要完成的方案花费时间比较多。"他就没有理会。又过了一天，安娜的方案还没有送来，领导把安娜叫到办公室问："这么长时间了，我也没看到你的方案，做好了吗？"安娜很委屈："我想好了两套方案，但是不知道哪个方案会获得你的认可，所以一直还没有做……"

其实，安娜就是一个决策恐惧者。她每次做两种策划案，还要拿去跟领导探讨，是因为她怕自己贸然交上去一份，老板觉得不好，或者是被客户直接退了回来，她就得承担责任。如果是领导选的，就算客户不认同，那跟她也没多大关系，因为不是她作的决定。在她看来，拖延着不作决定，把决策权交给别人，责任就被转嫁到别人身上了。

的确如此，心理学家沃尔特·考夫曼早就说过："患有决策恐惧症的人，通常不会自己做决定，而是让别人替自己来决定。这样的话，他们就不用对后果负责了。"

患有决策恐惧症的人通常没有主心骨，凡事都不想出头，这样的人生势必没有了博弈的快乐。试想安娜的人生，她连一套方案都不敢决定，那么很可能也将失去主宰人生的能力。

对于决策恐惧症，其实在很多人的身上都有所体现，人们的内心经常会被这种“做还是不做”的想法所纠结。当你长期处于这样的环境，在面对任何事情的时候，也许都会变得犹豫不决，不能痛痛快快地去做某件事。纠结于做还是不做，你的内心根本没有自己的方向和目标，做事的时候就会喜欢拖拖拉拉地无限拖延。

不管我们是否承认，人的一生有太多需要自己决策的事情，哪怕我们再充满恐惧，哪怕我们再无从选择，也要做决策。别人可以给你指路，别人可以给你提供建议，可是最终下决定的是自己，所以，不要再拖下去了，大胆地为自己做决策吧。

第4章

斩断拖延思维，不找借口找方法

借口成为习惯，如毒液腐蚀人生

要知道，人的习惯是在不知不觉中养成的，具有很强的惯性，很难根除。它总是在潜意识里告诉你，这个事这样做，那个事那样做。在习惯的作用下，哪怕是做出了不好的事，你也会觉得是理所当然的。

比如说为自己的拖延行为寻找借口。选择拖延的行为，总会为自己找到借口。而找借口，是世界上最容易办到的事情之一，因为我们可以找到很多的借口去自我安慰，掩饰自己的错误。在工作和生活中就是这样，有的人常常把不成功归咎于外界因素，总是要去找一些敷衍其他人的借口。久而久之，我们就会养成一个习惯：借口越找越多。于是，我们靠着一个又一个借口麻痹自己，在一个又一个借口中消磨生活的勇气和热情。

当我们千方百计为失败找借口时，时间在一个又一个借口中悄然流逝，个性的棱角在一个又一个借口中被磨平。原本尚存的希望，也在一个又一个借口中溜走；原本尚存的斗志，在一个又一个借口中远离；原本尚存的机遇，在一个又一个借口中错过……

如果在工作中以某种借口为自己的过错和应负的责任开脱，第一次你可能沉浸在借口为自己带来的暂时的舒适和安全之中而不自知。于是，这种借口所带来的“好处”会让你第二次、第三次为自己去寻找借口，因为在你的思想里，你已经接受了这种寻找借口的行为。不幸的是，你很可能形成一种寻找借口的习惯。

这是一种十分可怕的消极的心理习惯，它会让你的工作变得拖沓而没有效率，会让你变得消极而最终一事无成。于是，便有可能出现这样的情境：两眼紧盯屏幕，其实脑中却空空如也，什么也没有想；面对一份方案，即使抓耳挠腮、咬牙切齿、搜肠刮肚，依然没有新的想法，更别说靠谱的方案。此时头脑内部就像早已干涸的河床，大脑的运动就像休眠中的火山……这时候，你才明白，长期的借口会腐蚀你的大脑。

现代铁路两条铁轨之间的标准距离是 4.85 英尺。原来，早期的铁路是由建电车的人所设计的，而 4.85 英尺正是电车所用的轮距标准。那么，电车的标准又是从哪里来的呢？最先造电车的人以前是造马车的，所以电车的标准是沿用马车的轮距标准。马车又为什么要用这个轮距标准呢？英国马路辙迹的宽度是 4.85 英尺，所以，如果马车用其他轮距，它的轮子很快会在英国的老路上撞坏。这些辙迹又是从何而来的呢？从古罗马人那里来的。因为整个欧洲，包括英国的长途老路都是由罗马人为它的军队所铺设的，而 4.85 英尺正是罗马战车的宽度。任何其他轮宽的战车在这些路上行驶的话，轮子的寿命都不会很长。可以再问，罗马人为什么以 4.85 英尺作为战车的轮距宽度呢？原因很简单，这是牵引一辆战车的两匹马屁股的宽度。故事到此还没有结束。美国航天飞机燃料箱的两旁有两个火箭推进器，因为这些推进器造好之后要用火车运送，路上又要通过一些隧道，而这些隧道的宽度只比火车轨道宽一点，因此火箭助推器的宽度是由铁轨的宽度所决定的。

所以，最后的结论是：由于路径依赖，美国航天飞机火箭助推器的宽度，竟然是由两千年前两匹马屁股的宽度决定的。

可见，习惯虽小，却影响深远。习惯对我们的生活有绝对的影响，因为它是一贯的，它在不知不觉中，经年累月影响着我们的品德、我们思维和行为的方式，左右着我们的成败。

一旦我们养成了寻找借口的习惯，那么我们的上进心和创造力也就慢慢地烟消云散了。我们要拒绝借口，避免养成寻找借口的坏习惯，在工作中，更应该想办法去拒绝借口，而不是忙着找借口。

许多平庸者、失败者的悲哀，常常在于面对困境时缺乏足够的智慧和勇气，总是在借口的老路上越走越远。“生不逢时”“不会处世”“缺少资金”……归结为一点：自己的拖延行为总是各种因素造成的。

事实上，困难永远都有，挫折也在所难免，关键是怎样对待。不断向别人学习，不断充实自己，不断总结经验教训，不断探索实践，这样才会有成功的机会。

如果你发现自己经常为了没做某些事而制造借口，或是想出千百个理由来为没能如期实现计划而辩解，那么现在正是面对现实好好检讨的时候了。

借口是拖延的温床

习惯性的拖延者通常都是制造借口与托辞的专家。他们每当要付出劳动，或要作出抉择时，总会找出一些借口拖延以对。

找借口是一种不好的习惯。在遇到问题后不是积极、主动地去想办法加以解决，而是千方百计地寻找借口，你的工作就会变得越来越拖沓，更不用说什么高效率。某种程度上可以说，借口是拖延的温床。找到借口只是为了把自己的失败或过失掩盖掉，暂时人为制造一个安全的角落。但长期这样下去，借口就变成一种习惯，就成为拖延的温床，人就疏于努力，不再想方设法争取成功了。

把每一个“平庸”先生拿来跟“成功”先生相比，你会发现，他们各方面（包括年龄、能力、社会背景、国籍，以及任何一方面）都很可能相同，只有一个例外，就是对问题的反应大不相同。

当“平庸”先生跌倒时，他就无法爬起来了，只会躺在地上骂个没完。但是，“成功”先生的反应却完全不同。他被打倒时，会立即反弹起来，同时会汲取这个宝贵的经验，继续往前冲刺。

失败也罢，做错了也罢，再美妙的借口对事情的改变没有任何作用！还不如再仔细去想一想，想想下一步究竟该怎样去做。在实际的工作中，我们每一个人都应当贯彻这种“没有任何借口”的思想。

著名的美国西点军校有一个久远的传统，遇到学长或军官问话，新生只能有四种回答：

“报告长官，是。”

“报告长官，不是。”

“报告长官，没有任何借口。”

“报告长官，我不知道。”

除此之外，不能多说一个字。

新生可能会觉得这个制度不尽公平，例如军官问你：“你的腰带这样算擦亮了吗？”你当然希望为自己辩解，如“报告长官，排队的时候有位同学不小心撞到了我”。但是，你只能有以上四种回答，别无其他选择。

在这种情况下你也许只能说："报告长官，不是。"这既是要新生学习如何忍受不公平——人生并不是永远公平的，同时也是让新生们学习必须承担的道理：现在他们只是军校学生，恪尽职责可能只要做到服装仪容的要求，但是日后他们肩负的是其他人的生死存亡。

"没有任何借口"是美国西点军校 200 年来奉行的最重要的行为准则，是西点军校传授给每一位新生的第一个理念。它强化的是每一位学员想尽办法去完成任何一项任务，而不是为没有完成任务去寻找借口，哪怕是看似合理的借口。秉承这一理念，无数西点毕业生在人生的各个领域取得了非凡的成就。

"没有任何借口"看起来似乎很绝对、很不公平，但"没有任何借口"的训练，让西点学员养成了完美的执行力以及在限定时间内完成任务的信心和信念。

因为借口只是拖延和失败的温床，工作没有借口，人生没有借口，成功永远不属于那些寻找借口的人！

“我已经尽力了”只是借口而已

我们身边的很多人习惯于拖延，并且经常会说“我已经尽力了”，但是，你真的可以问心无愧地说，“我已经全力以赴了吗？”

对自己说“已经尽力了”，只不过是一种自我安慰，一种对自己的谅解、对自己的放松。其实，胜利的果实也许就在彼岸向你招手。很简单的道理，如果你全力以赴地去做了，往往出现不一样的结果。

一个猎人带着他的猎狗去打猎。这时这个猎人发现了猎物，一只兔子。猎人瞄准后开枪。猎人打伤了那只兔子的一只后腿。这时兔子疯狂地往自己的窝里跑。猎人的猎狗也蹿了出去打算追到那只已经残疾的兔子孝敬他的主人。兔子越跑越快，猎狗却怎么都追不上那只断了腿的兔子。猎狗只能眼睁睁地看着兔子钻回了窝里，最好灰溜溜地回到了主人旁边。

主人很生气：“我已经打伤了它一条腿了，你怎么还追不到它？”

猎狗惭愧地说：“我已经尽力了，主人。我也不知道为什么，它会跑那么快。”

那只兔子回到自己的窝之后，它的伙伴都来问它发生了什么。它说：“我被猎人打伤了腿，他的猎狗一直追我，但是最终被我逃脱了。”

这时它的伙伴都很惊讶，问道：“那怎么可能？你已经伤了一条腿了啊。猎狗怎么会没追到你？”

这只兔子回答道：“因为我是竭尽全力，而猎狗只是尽力而已。”

当你遇到困难的时候，是否能像寓言中兔子一样，先别说难，首先竭尽全力地做呢？不要说“我已经尽力了”。什么是尽力？就是我们尽力了，但是还有余力，如果余力不发挥，我们就永远都不知道这余力的威力有多大。所以，不要过早下结论，等你把能力都使出来了之后再说“这就是结果”吧！

其实，人们习惯于说“我已经尽力了”，多少跟自己的“约拿情结”有关系。约拿是《圣经》中的人物。上帝要约拿到尼尼微城去传话，这本是一种难得的使命和很高的荣誉，也是约拿平素所向往的。但一旦理想成为现实，他又感到畏惧，感到自己不行，想回避即将到来的成功，想推却突然降临的荣誉。这种成功面前的畏惧心理，心理学家们称之为“约拿情结”。

人害怕自己最低的可能性，这可以理解，因为人人都不愿意正视自己低能的一面。但是，人们还害怕自己最高的可能性，这很难理解。但这的确是存在的事实：人们渴望成功，又害怕成功，尤其害怕争取成功的路上要遇到的失败，害怕成功到来的瞬间所带来的心理冲击，害怕取得成功所要付出的极其艰苦的劳动，也害怕成功带来的种种社会压力……

我们大多数人内心都深藏着“约拿情结”。在面临机会的时候,我们要敢于打破平衡,认识并摆脱自己的“约拿情结”,勇于承担责任和压力，遇到事情不再找借口拖延，从而最终抓住获得成功的机会。

不全力以赴地解决问题，就会面临着前怕狼后怕虎的局面，最后不但不能解决问题，还让自己丧失了继续的勇气。所以,我们在工作中应该全力以赴去解决遇到的每一个问题，千万不要把“我已经尽力了”的借口时刻放在口头。

解决问题，让问题到此为止

在战场中，需要能够带来胜利而不是问题的将军。同样道理，任何时候都需要那些能够克服困难，能够带来结果而不是问题的人。

只不过，我们的身边总是不乏那些不断推诿责任以致不断拖延的事例。

在某企业的季度会议上就可以听到类似的推诿。

营销部经理说："最近销售不理想，我们得负一定的责任。但主要原因在于对手推出的新产品比我们的产品先进。"

研发经理"认真"总结道："最近推出新产品少是由于研发预算少。大家都知道杯水车薪的预算还被财务部门削减了。"

财务经理马上接着解释："公司成本在上升，我们能节约就节约。"

这时，采购经理跳起来说："采购成本上升了 10%，是由于俄罗斯一个生产铬的矿山爆炸了，导致不锈钢价格急速攀升。"

于是，大家异口同声说："原来如此！"言外之意便是：大家终于都找到了推脱的借口。

最后，人力资源经理终于发言："这样说来，我只好去考核俄罗斯的矿山了？"

这样的情景经常在各个企业上演着——当工作出现困难时，各部门不寻找自身的问题，而是指责相关部门没有配合好自己的工作。相互推诿、扯皮，责任能推就推，事情能躲就躲。最后，问题只有不了了之。

美国总统杜鲁门上任后，在自己的办公桌上摆了个牌子，上面写着"book of stop here"，翻译成中文是："问题到此为止。"

也可以理解为，让自己负起责任来，不要把问题丢给别人。

在生活和工作中，总有问题出现，我们解决问题的能力越大，就越能体现我们的价值！如果我们面对问题，不是一味去找借口，而是积极主动地寻找方法，再难的问题也能解决。

能不能解决好问题，也是一个企业衡量员工价值高低的重要标准。你有多少解决不了问题的借口都没有任何用处，对于决策者和你自己来说，你解决问题的结果才是最需要的。

王光和张颐同时供职于一家音像公司，他们能力相当。有一次，公司从德国进口了一套当时最先进的采编设备，比公司现用的老式采编设备要高好几个档次。但是说明书是用德文写的，公司里没有人能看得懂。老板把王光叫到办公室，告诉他："我们公司新引进了一套数字采编系统，希望你做第一个吃螃蟹的人，然后再带领大家一起吃。"王光连忙摇头说："我觉得不太合适，一方面我对德语一窍不通，连说明书都看不懂；另一方面，我怕把设备搞出毛病来。"老板眼里流露出失望的神色。他又叫来了张颐，张颐很爽快地答应了，老板很高兴。

张颐接下任务后就马不停蹄地忙碌起来。他对德文也是一窍不通，于是去附近一所大学的外语学院，请德语系的教授帮忙，把德文的说明书翻译成中文。在摸索新设备的过程中，他有很多不明白的地方，就在教授的帮助下，通过电子邮件，向德国厂家的技术专家请教。短短一个月下来，张颐已经能够熟练使用新的采编设备。在他的指导下，同事们也都很快学会了使用方法。张颐因此得到了老板的赞赏。

以后，有了什么任务，老板总是第一时间找到张颐。因为他知道，张颐不会让他失望。

一个习惯于寻找借口的人，总是和悲观主义、无助感等消极因素相伴而行。“没有解决不了的问题，只有解决不了问题的人”是一种自信与勇敢的体现，这表明了一个人对自己的职责和使命的态度。

我们在工作生活当中，任务或工作完成不好的情况下，往往会找出这样或那样的借口来掩饰我们的失误、无能、懦弱和懒惰。其实，无论对于自己还是对于他人而言，真正需要的并不是借口，而是让问题到此为止！

生活的赢家，从来没有借口

“道力要靠魔力推”，人的一生是在克服困难和解决问题中不断成长的。问题是永远存在的，再美妙的借口也不能解决问题！与其把时间和精力用到寻找借口上，不如仔细琢磨采用什么方法解决问题。

面对种种不如意，我们总是有意无意在为自己找借口。于是，由此衍生了两类人：一类喜欢以“如果”作为口头禅，“如果当初我不这样就好了”“如果当初我那样做就好了”“如果我有这样一个上司就好了”，这类人总是为自己的各种拖延行为寻找借口；一类喜欢以“如何”作为自己的标签：“如何克服工作中的困难”“如何提升自己的工作能力”“如何把事情干得更漂亮”，这类人总是为自己在积极行动。

美国一个成功的推销员在回答如何训练推销员时说道：“我教他们做一个只想‘如何’的人，而不是做一个只想‘如果’的人。”

他指出了考虑“如何”和只想“如果”之间的差异。“想‘如果’的人，只是难过地追悔一个困难或一次挫折，悔恨地对自己说：‘如果我没有做这或那……如果当时的环境不一样的话……如果别人不这样不公平地对待我的话……’就这样从一个不妥当的解释或推理转到另一个，一圈又一圈地打转，终是于事无补。不幸的是，世上有不少这样只想‘如果’的失败的人。

“考虑‘如何’的人在麻烦甚至灾难降临时，不浪费精力于追悔过去，他总是立刻找寻最佳的解决办法，因为他知道总会有办法的。他问自己：‘我如何能利用这次挫折而有所创造？我如何能从这种状况中得出些好结果来？我如何能再从头干起，重整旗鼓？’他不想‘如果’，而只考虑‘如何’。这就是我们教给推销员的成功模式。

“考虑‘如何’的人会很有效率地解决问题，因为他知道在困难之中总可以找到价值。他不把时间浪费在没有助益的‘如果’上，而立刻去思量具有创造性的‘如何’。他排除有破坏力的想法，而运用有建设效果的想法。而且他永不放弃，无论如何，他也不放弃。请你相信我。”他最后说，“如果今天世界上有更多只考虑‘如何’的人，你想想看我们会做出多少事来？”

很多人在遇到问题时，不知道去多问几个“为什么”、多提几个“怎么办”，而是逃避问题、拖延工作，这样的人不可能成为生活的赢家。

遇到困难和问题，遭受失败和挫折以后，把注意力放在“如果”上面是解决不了任何问题的。每每到了这个时候，最为关键的是想到“如何”二字，即如何摆脱困境、如何从失败中奋起、如何解决自己面临的问题。当然，每个人遇到的实际问题不同，回答“如何”的答案也不同。

当遇到问题和困难的时候，许多人喜欢找各种理由。但是时间绝对不会倒流，“如果”这个词也就失去了实用价值。成功者在面对问题时，想办法去解决问题，刘新就是懂得“如何”做的创业者。

十几年前，年轻的刘新开了个小饭馆。但并不顺利，半年多的时间，不仅血本无归，还欠下不少债务。刘新并没有气馁，他亲自到市场上去采购新鲜蔬菜，并考察市场行情。在长期采购的过程中，刘新发现小土豆作为东北地区的土特产，虽然块头比一般土豆小得多，营养价值却比较高。

于是，为了开发小土豆，刘新在烹制小土豆上刻苦钻研。随着“小土豆”工艺的日渐成熟，他每餐都要免费给消费者赠送一盘自家精心制作的开胃小菜——酱小土豆。

后来，很多人都喜欢吃刘新饭馆的小土豆，他的店名干脆就改成了小土豆酱菜馆。刘新又开始集中精力四处走访、大量收集民间的小土豆烹调技术，然后加以改进，在其中添加了多种药材、酱油，拌以五花肉、香菜等进行炖制。就这样，一道颇具东北地区特色的小土豆特色菜就真的应运而生了。

一招鲜，吃遍天。小土豆特色菜问世后，受到消费者的热烈欢迎。如今的小土豆连锁店已经成为东北人最为熟悉的餐饮品牌之一。

在遇到失败和挫折的时候，“如果”的设想和借口没有用，“如何”的回答才能解决问题。只要多想想“如何”去做，而不是纠缠于“如果”式的各种借口中，克服困难、走出失败，就大有希望。

心不觉得难，事情就不难

人类对未知的事物有着一种本能的恐惧，而一个新的问题对于人们来说就是未知的。面对未知的新问题，你能够克服多少困难、多少侮辱、多少误解和多少诽谤？别人的反对意见是否让你退缩，或者只是使你更坚强、更支撑起你的决心？你可以毫不退缩地坚持到一种什么样的程度？

其实，未知、新问题带来的恐惧并不可怕，可怕的是我们因为恐惧而退缩，无法继续前行；可怕的是我们沉寂在自我暗示中，停止了前行的步伐。

当你面对一个难题的时候，你的恐惧之心占了上风，你害怕不能战胜难题，你同样害怕自信心的伤害。于是你又开始寻找借口、选择拖延，你想避开痛苦，想通过回避问题来削弱内心的恐惧。如果你认为这样真的有用，那就是自欺欺人。恐惧只会带来更多的恐惧，而当你坚定自己的内心，勇敢面对，就会发现恐惧并没有我们想象的那么可怕、难以克服。

麦克·英泰尔是一个平凡的上班族，但是他从小就是一个懦弱的人：从小他就怕保姆、怕邮差、怕鸟、怕猫、怕蛇、怕蝙蝠、怕黑暗、怕大海、怕城市、怕荒野，怕热闹又怕孤独、怕失败又怕成功、怕精神崩溃……他无所不怕。

37 岁那年他做了一个疯狂的决定，只带了干净的内衣裤，由阳光明媚的加州，靠搭便车与陌生人的帮助，横越美国。

他的目的地是美国东海岸北卡罗来纳州的恐怖角。

四千多英里的路途中，他没有接受过任何金钱的馈赠，在雷雨交加中睡在潮湿的睡袋里；也有几个像公路分尸案杀手或抢匪的家伙使他心惊胆战；在游民之家靠打工换取住宿；住过几个陌生的家庭；碰到过患有精神疾病的好心人。

最后，恐怖角到了，但恐怖角并不恐怖。原来“恐怖角”这个名称，是由一位 16 世纪的探险家取的，本来叫“Cape Faire”，被讹传为“Cape Fear”。只是一个失误。

当你对严峻的现实感到束手无策时，如果屈服于内心的“纸老虎”，只会更加恐惧。事实上，任何问题都没有我们想象的那么可怕。只要能克服内心的恐惧，和麦克·英泰尔一样，勇敢而执着坚持，就会发现困难并没有想象中的那么可怕。

无论有多么棘手的问题挡在你前进的道路上，你都不应感到畏惧，而应该用积极的心态去迎接它，然后运用智慧寻找解决之道。

20 世纪 50 年代初，美国某军事科研部门着手研制一种高频放大管，发明家贝利负责的研制小组承担了这一困难重重的任务。上级主管部门在给贝利小组布置这一任务时，鉴于以往的研制情况，同时还下达了一个指示：不要查阅有关书籍。

贝利小组经过共同努力，终于制成了一种高达 1000 个计算单位的高频放大管。在完成任务以后，研制小组的科技人员都想弄明白，为什么上级要下达不准查书的指示？

于是他们查阅了有关书籍，结果让他们大吃一惊，原来书上明明白白地写着：如果采用玻璃管，高频放大的极限频率是 25 个计算单位。“25”与“1000”，这个差距太大了！

后来，贝利对此发表感想说：“如果我们当时查了书，一定会对研制这样的高频放大管产生畏惧，就会没有信心和勇气去研制了。”

正是因为上级主管部门的英明决定，贝利小组才能勇敢迎战困难。在工作中，我们可能也会遇到这种情况：某一问题就像山一样摆在面前，要克服它，似乎完全不可能。于是，一种说不出的恐惧不招自来。

在面对难题的时候，许多人因为畏惧问题，所以开始寻找畏惧的理由，不断说服自己问题多么巨大、情况多么艰难，从而不可能找到解决问题的良方，这样他们的畏惧就会变得正常而合理。

其实，对于恐惧，若你能控制它们、驱除它们，它们就会自动离开你的内心；反之，你越觉得它们真实，越是对其心存畏惧，它们越会肆无忌惮地吞噬你。面对问题也是如此，你越畏惧问题，那你就越容易被问题击倒；相反，你迎向这些问题，你就有可能解决它。

其实，生活和工作就是一个战场，在这个没有硝烟的战场上，我们会遇到无数的困难，“我该怎么办呢？”出现这种想法是很正常的，暂时的情绪低落未必是件坏事，但一味地采取消极的态度拖延以对，暗示自己“我不行”，困难就会越来越大。但如果相信自己可以，开动脑筋，用行动来解决问题，最后定能战胜困难，打破“纸老虎”。

负责的人，不需要借口

很多人都有这样的倾向：对于遇到的问题，首先是寻找一些逃脱的理由；一旦有解决不了的问题，总是把希望放在别人的身上，借此希望获得别人的帮助。其实，有这种心理很正常，但是也很可怕。

作为一个负责的人，我们遇到问题的时候，首先应“自力更生”，先看看自己可以做什么，能做什么。

当问题出现的时候，忙着找这个或者那个的原因，其实，我们忽略了：解决问题的方法往往就在自己的身上。如果能够认识自己，了解自身的能力，面前的问题自然迎刃而解。

遇事求己，把解决问题的基点放在自己身上。在遇到困难时，能够始终坚持理想的追求，不放弃、不抛弃，始终怀揣着一颗视苦难为挑战的豁达的心。这时，即使你遭遇到的困难再多一些，在你看来，也只是量的累加，也只是成功路上小小的绊脚石。

遇事求己，也就意味着当你独自面对困难时，你选择了执着和超越自我。在这样一种精神的指导下，你也必定能够解决问题、化解困难。

有些人往往认为自己是没有能力的，他们面对问题的时候，不是抱怨环境，就是想依靠他人。其实，我们首先要做的是考虑自己，依靠自己的力量解决问题，每个人都可以使身边的环境有所变化。

有些人在事业不如意时，常常不知追根究底，找出自己真正的问题所在，而是拖延以等待条件成熟或者他人向自己期望的方向改变——即让外在的因素改变到对自己有利的方面上来，使问题得以解决。

其实，他们没有认识到问题的本质：自己就是问题的根源，自己身上就藏有问题的答案。

对于刚做旋车工的萨姆尔来说，他似乎觉得自己的一生都要消磨在旋钉子这件琐事上了。他满腹牢骚，可是又有什么办法呢？难道去找工头说：我希望得到另外一份更好的工作？但是，可以想象得到工头听到这些话时的轻蔑神情。要么，干脆就辞职不干了，另外再去找一份工作！这可是他费了九牛二虎之力才找到的一份工作啊！萨姆尔是绝对不能轻易辞掉的。

难道就没有别的办法来改变这种讨厌的工作吗？当萨姆尔想到这一点时，他立刻想出一个很聪明的方法，可以使这种单调乏味的工作变成一件很有趣味的事——他要把它变成一种游戏。他转过头来对他的同伴说："让我们来比赛吧，荷维德。你在你的旋机上磨钉子，把外面一层粗糙的东西磨下来。然后，我再把它们旋成一定的尺寸。我们比一比，看谁做得快。过一会如果你磨钉子磨烦了，我们再换着做。"

荷维德同意了他的建议，于是，他们俩之间的比赛马上就开始了。这样一来，果不其然，工作起来并不像以前那么烦闷，而且工作效率比以前提高了。不久，工头便给他们调换了一个较好的工作。

这位聪明的年轻人萨姆尔就是后来鲍耳文火车制造厂的厂长。

你看，萨姆尔并不是咬紧他的牙齿，像受酷刑一样去从事自己所痛恨的工作，而是把工作变成了一种游戏，使自己做起来饶有趣味。

第5章

现在就行动，用强大的执行力终结拖延

重拾行动力，克服拖延症

你打算什么时候开始完成手头上的项目？你在等什么，是在等待别人的帮助还是等待问题消失？明明已经有了计划，但不能付诸执行，问题仍在等着你，而那些同时起步的人已经解决了问题，开始了下一步计划。

不拖延的人都是具有高效执行力的人，他们会想尽办法尽快完成任务。“最理想的状态是任务在昨天完成。”对于应该尽快完成的事，要在第一时间内进行处理，争取让工作早点瓜熟蒂落，让自己放心。

千万不要把昨天就能完成的工作拖延到今天，把今天就能完成的工作拖延到明天。最好不要等到别人开口，说那句“你什么时候做完那件事”时，才匆忙呈上自己的成绩。

比尔·盖茨说：“过去，只有适者能够生存；今天，只有最快处理完事务的人能够生存。”对于一名绝不拖延的行动者来说，“马上就办”是唯一的选择。

李·雷蒙德是工业史上绝顶聪明的 CEO 之一，是洛克菲勒之后最成功的石油公司总裁——他带领埃克森·美孚石油公司继续保持着全球知名公司的美誉。

有一次，李·雷蒙德和他的一位副手到公司各部门巡视工作。到达休斯敦一个区加油站的时候，李·雷蒙德却看见油价告示牌上公布的还是昨天的数字，并没有按照总部指令将每加仑油价下调 5 美分进行公布，他十分恼火。

李·雷蒙德立即让助理找来了加油站的主管约翰逊。远远地望见这位主管，他就指着报价牌大声说道："先生，你大概还熟睡在昨天的梦里吧！因为我们收取的单价比我们公布的单价高出了 5 美分，我们的客户完全可以在休斯敦的很多场合，贬损我们的管理水平，并使我们的公司被传为笑柄。"

意识到问题的严重性，约翰逊连忙说道："是的，我立刻去办。"

看见告示牌上的油价得到更正以后，李·雷蒙德面带微笑说："如果我告诉你，你腰间的皮带断了，而你却不立刻去更换它或者修理它，那么，当众出丑的只有你自己。"

也许加油站的主管约翰逊认为，当天的油价只要在当天换也来得及。但是商业环境的竞争节奏正在以令人眩目的速率快速运转着，我们所应该做的是"绝不拖延"。

以最快的反应速度去开始一项工作是保持恒久竞争力不可缺少的因素，也是唯一不会过时的职场本领。在人才竞争激烈的公司里，要让自己保持稳定甚至常胜的优势，就必须奉行“绝不拖延”的工作理念。

世界上有90%的人都因拖延而一事无成。不提出任何问题,不表示任何困难,以最快的时间,用最好的质量,马上就办,这才是最优秀的人。

让“快速行动”成为一种习惯

日本著名企业家盛田昭夫说:“我们慢,不是因为我们不快,而是因为对手更快。如果你每天落后别人半步,一年后就是一百八十三步,十年后即十万八千里。”

我们不仅仅需要不拖延,还需要以比别人更快的速度去行动。

曾担任过《大英百科全书》美国分册主编的沃尔特·皮特金在好莱坞工作时,一位年轻的支持者向他提出了一项大胆的建设性方案。在场的人全被吸引住了,它显然值得考虑,不过他可以从容考虑,然后与别人讨论,最后再决定如何去做。但是,当其他人正在琢磨这个方案时,皮特金突然把手伸向电话并立即开始向华尔街拍电报,用电文热烈地陈述了这个方案。当然,拍这么长的电报费用不菲,但它转达了皮特金的信念。

出乎意料的是，1000 万美元的电影投资立项就因为这个电文而拍板签约。假如他拖延行动，这项方案极可能就在他小心翼翼的漫谈中“流产”（至少会失去它最初的光泽），然而皮特金立刻付诸行动。

无论是公司还是个人，没有在关键时刻及时做出决定或行动，而让事情拖延下去，会给自身带来严重的伤害。

商机如战机，随时都可能消失，只有立即行动的人才能把握一切。拖延像一颗职场毒瘤，需要马上切除，优秀的人永远是从现在开始行动，不把任何事情拖延到下一分钟。赶快鞭策自己摆脱“等一分钟”的桎梏，以比别人更快的速度去行动，才能挟制“等待下一分钟”的“第三只手”，把你从拖延的陷阱中拯救出来。

生活中，我们总对自己说，明天我要如何如何。工作中也是如此，很多员工对自己过分宽容，习惯用“今天来不及了，等明天再开始做吧”来拖延。其实明天也许永远不可能到来，每天都是今天，为什么不把起点设在今天呢？

安妮是大学里艺术团的歌剧演员。她有一个梦想：大学毕业后，要在纽约百老汇成为一名优秀的主角。安妮与老师谈起这个梦想，老师鼓励她说：“你今天去百老汇跟毕业后去有什么差别？”于是，安妮决定下学期就去百老汇闯荡。

老师却紧追不舍：“你下学期去跟今天去，有什么不一样？”安妮情不自禁地说：“好，给我一个星期的时间准备一下，我就出发。”老师步步紧逼：“所有的生活用品在百老汇都能买到，你一个星期以后去和今天去有什么差别？”

安妮终于说：“好，我明天就去。”老师赞许地点点头。第二天，安妮就飞赴全世界巅峰的艺术殿堂——美国百老汇。当时，百老汇的某制片人正在酝酿一部剧目，几百名来自世界各地的人去应征主角。按当时的应聘步骤，是先挑出10个左右的候选人，然后，让他们每人按剧本的要求演绎一段主角的对白。这意味着每名应征者要经过两轮百里挑一的艰苦角逐才能胜出。

安妮到了纽约后，费尽周折从一个化妆师手里要到了将要排演的剧本。这以后的两天中，安妮闭门苦读，悄悄演练。正式面试那天，安妮是第48个出场的。当她粲然一笑，制片人看到面前的这个姑娘感情如此真挚，表演如此惟妙惟肖时，他惊呆了！他马上通知工作人员结束面试，主角非安妮莫属。就这样，安妮来到纽约的几天时间就顺利地进入百老汇，穿上了人生中的第一双红舞鞋。

很多时候，你若立即进入主题，会惊讶地发现，浪费在万事俱备上的时间和潜力会让你懊悔不已。而且，许多事情若立即动手去做，就会感到快乐、有趣，加大成功概率。

拖延常常是少数人逃避现实、自欺欺人的表现。然而，无论你是否在拖延时间，自己的事情都必须由自己去完成。通过暂时逃避现实，从暂时的遗忘中获得片刻的轻松，这并不是根本的解决之道。

当然，以更快的速度去行动不一定能获得最终的成功，但迟疑不决注定不能将事情做成。我们应该记住这一点。

设立明确的“完成期限”

很多人都有这样的经验：如果上级在星期一布置了工作任务，要求在星期五之前交上来，同时强调最好是尽快完成，很多人从星期二到星期四几乎很难安下心来把任务完成并主动交上，总是在星期四晚上或星期五早上的时候才匆匆把任务赶完。同时在看似无所事事的前三天里，他们的内心一直备受煎熬——每天都在告诉自己：该行动了，时间不多了！可是，他们就是无法进入状态，同时又不断谴责自己没有效率，始终被负罪感包围着。如果上级布置工作任务时要求星期三之前交上来，即使不强调最好尽快完成，那么你也会在星期二之前把任务完成。这就是心理学中著名的“最后通牒效应”。

心理学家做过这样一个实验：让一个班的小学生阅读一篇课文。实验的第一阶段，没有规定时间，让他们自由阅读，结果全班平均用了 8 分钟才阅读完；第二阶段，规定他们必须在 5 分钟内读完，结果他们用了不到 5 分钟的时间就读完了。

对于不需要马上完成的任务，人们往往在最后期限即将到来时才努力完成的情形，称为“最后通牒效应”。

心理学上的“最后通牒效应”说明了最后期限的设定是越提前越好。这种心理效应反映了人类心理的某种拖拉倾向，即人们在从事一些活动时，当时间宽裕的时候，总感觉能拖就拖，但在不能拖的情况下——例如当不允许准备的时候，或者已经到了规定的时间，人们基本上也能够完成任务。当给自己规定完成目标的最后期限时，我们应该尽量把最后期限往前赶，否则过于宽松的最后期限很多时候起不到提高工作效率的作用。

在工作中我们应当善于为自己设定“最后期限”，任何事情如果没有时间限定，就如同开了一张空头支票。只有懂得用时间给自己施加压力，才能保证准时完成任务。

要做到不拖延，最好制定自己每日的工作时间进度表，记下事情，定下期限。否则，下面的困境就很有可能发生在你身上。

曹睿是某公司的一个部门主管，他平时工作总喜欢把“不着急，还有时间”“明天再说吧”这些话放在嘴边。这一次老板要去国外公干，并且要在一个国际性的商务会议上发表演说。曹睿负责一些资料的搜集和整理。刚接到这个任务时，曹睿并没有着急，他想搜集资料是很简单的，又不像写东西那么复杂，就一直没给自己设定完成的最后期限。

直到老板要出发的前一天，所有的主管都来送行，有人问曹睿：“你负责的资料整理好了吗？”

曹睿感觉很轻松地说：“不用那么着急，老板要坐好长时间的飞机，反正这段时间是空闲的，资料要等到下飞机才用，我在飞机上做就是了。”

过了一会儿，老板来了，第一件事就是问曹睿：“你负责整理的资料和数据呢？”曹睿按照他的想法又跟老板说了一遍。老板听了他的回答，脸色大变：“怎么会这样？我已经计划好了，利用在飞机上的时间，和同行的顾问按照这些资料研究一下这次的议题，不能白白浪费这么好的时间啊！”

听到老板的话，曹睿脸色一片惨白。

总是将“明天再说吧”挂在口头上的曹睿，由于没有设定完成目标的最后期限，失足在一份简单的工作任务上。

任何事都必须受到时间的限制。为自己的事情设定最后期限，这会让我们行动起来以按时完成各项工作，并且激发我们自身的能动性。反之，没有时限的目标，会让人不自觉地拖延起来，让目标的实现之日变得遥遥无期。

如果没有时间的限定，不懂得为目标设定最后期限，那么就埋下了拖延的种子。只有善于给目标设定最后期限，懂得用时间给自己适当施加压力，才有助于自己以最快的速度行动起来。

别再等“下一分钟”

每个人都或多或少地有过拖延的经历。拖延的表现形式也多种多样，其轻重也有所不同。比如：琐事缠身，无法将精力集中到工作之中，只有被上司逼着才向前走，不愿意自己立即开始行动；如果有着极端的完美主义倾向，又会反复修改计划，该实施的行动被无休止的“完善”所拖延，预期的期限大大延后。

时间长了，我们也会视这种恶习为平常之事，以至于漠视它的危害、放纵了它的存在。然而，千里之堤毁于蚁穴。小小的耽搁常常给我们的工作带来巨大的损失。

李响才能出众，不过他也有自己的一大缺陷：太过于瞻前顾后。有一次，他代表公司去参加一个重大的会议，这是他第一次代表公司参加如此重要的会议，他要代表公司和会议各谈判方达成共识，签订协议。会议进行到了各个代表可以自由发言的阶段，李响在脑袋中前思后想：还是不要当第一个发言的人，这样太唐突，容易说错很多话，也容易紧张，我等着下一个人发言完再说吧。

第一个代表发表完意见，李响犹豫了一下，马上又有第二个人开始发言了。李响想：看看也好，多看几个人我才能说得全面。

第二个人说完，又有第三个人。李响还是没有发言的欲望，总想着，下一个人说完我再说吧。

就这样很多代表都发表了意见，李响还是拖着迟迟不表态。这时大会的主办方说："既然这么多代表都达成了一致，那么我们就按大家的意思签订协议吧！剩下的这位代表有异议吗？"

这下李响愣了，原来自己是最后一个了，可是自己还没发表公司的意见呢！如果这么就签订协议，那么自己公司要吃亏了！这可怎么办，可是碍于面子，自己也不好意思再说了，于是就只是敷衍着"没意见，没意见"。

李响回到公司，老板听到这个结果非常震惊和愤怒。

像李响这样的人有很多，拖延和没有在关键时刻及时做出决定或行动，导致自己没有完成任务。这不仅丧失了机遇，更让自己陷于无行动力的低效泥潭里。

等待“下一分钟”再行动的心理是拖延的温床。不少人做事总喜欢等到所有的条件都具备了再行动，殊不知，立即行动起来也可以为自己创造有利条件。只要做起来，哪怕很小的事，哪怕只做了五分钟，也是一个好的开端，就能带动我们着手做好更多的事情。

拖延的人总想着：“唉，这件事情很烦人，还有其他的事等着做，先做其他的事情吧。”的确，立即行动有时很难，尤其在面临一件很不愉快的事情时，因为你常常有一种不知从何下手的困惑。但不能因此而选择拖延作为你逃避的方式。

避免拖延的最好方法就是“现在就做”。面对空白的纸和计算机屏幕很具有挑战性，开始是最困难的工作，但必须开始。接到新的工作任务，就立即切实地行动起来。诸如“再等一会儿”“明天开始做”这样的语言或者这种心理意念，一刻也不能在我们的心里存在。

马上列出自己的行动计划，从现在就开始，立即去做自己一直在拖延的工作。当自己真正开始接触工作的时候，就会发现，原本的拖延时间毫无必要，而且可能喜欢上自己曾经一拖再拖的事情。

歌德说得好：“只有投入，思想才能燃烧。一旦开始，完成在即。”任何时刻，当你感到拖延的恶习正悄悄地向你靠近，当你感觉到它正威胁着你的工作状态时，你需要做的是：在此刻就动起来。

从现在开始，做最重要的事

生活中有很多人，总为一些不值得的事忙个不停。表面上看来，他们总是拼命工作，从来不浪费一秒钟的时间。每天除了把大量的时间用在本职工作上，还负责很多其他方面的事务，时间长了，自己的工作效率低下不说，身心都很疲惫。他们似乎从来就不去判断，什么事情是值得去做的，什么事情是不值得的。

做不值得做的事，会让你误以为自己在完成某些事情。你耗费了大量时间和精力，得到的可能仅仅是一丝自我安慰和虚幻的满足感。当梦醒后，你会发现该做的事一件都没有做，而自己却已经疲惫不堪。不要受不重要的人和事过多的干扰，因为成功的秘诀就是凡事做到高效率完成。一流的人做一流的事，不该做或不值得做的事，千万别去做，无论感情上再怎样难以割舍，也不要虚耗自己的生命。

很多时候，我们明知道一件事不值得却还得去做，这时我们通常不会尽自己的全力去做。这种情况下，即使我们做了也不会有什么好的结局。事实上，马虎和敷衍大多数情况都是因为我们知道自己做的事不值得。如果知道一件事不值得自己去做还不能放弃，那就是在浪费时间和资源。与其这样，还不如把时间放在自己认为值得去做的事情上。

做事，就要首先集中精力做最重要的事，不被琐事缠身。如果认定一件事是不重要、不紧急的，我们就应该果断地暂时放弃。清醒的放弃胜过盲目的坚持。

美国著名剧作家尼尔·西蒙和惠普的第一位女总裁卡莉·费奥瑞纳，都是善于判断“不值得做的事”，从而走向事业成功的人。

美国著名剧作家尼尔·西蒙在探讨是否将一个构想写成剧本前会问自己：“如果我要写个剧本，将故事讲述得引人入胜，而且能将剧本中的角色塑造得栩栩如生，这个剧本会有多好呢？……还不错，它会是一个好剧本，但不值得花费一两年的时间。”结果也可能并不理想，而像是鸡肋，没多少味道；或者只是浪费时间的俗套之作罢了。因此，西蒙不会花费精力去写。这就是不做不值得做的事。

卡莉·费奥瑞纳，当她还在朗讯科技公司工作时，被《财富》杂志评为年度“美国商业界最有影响力的女性”。众多的猎头公司盯上了她，纷纷以种种诱人的条件，拉她去别的公司发展。她被这些诱惑搅得心烦意乱。她的人生导师——朗讯科技公司的董事长却告诫她说：“你必须自己拿主意，要想清楚哪些职务邀请是你愿意考虑的。无论你的目标是什么，都不要将时间浪费在不符合你的目标的人身上。”费奥瑞纳认清了自己的人生目标，没有为那些诱惑所动，最后终于成为世界最著名公司——惠普的第一位女总裁。

像尼尔·西蒙和卡莉·费奥瑞纳这样成功的人都懂得：不做不值得的事情，大胆地放弃不值得的东西。懂得运用“不值得定律”，不把时间浪费在不符合目标的人和事身上，不值得的事情不去做，只做好值得的事情，这才是克服拖延的良好习惯。

很多人给人留下了拖延的印象，并不是因为他们工作不积极，而是他们没有果断地舍弃“不值得”的事，使得自己的精力被浪费在一些自己认为没有意义的事情上。

以“当日事，当日毕”为标准

在我们身边总不乏这样一些人：总是在老板或领导的一次次督促下，拖上十天、半月才会把工作做完；虽埋头于琐碎的日常事务，却在不经意间遗漏最重要的工作；整天忙忙碌碌，工作质量却无法令人满意；遇到问题虽然想解决，却总是没法在第一时间高效地完成任务。

"当日事，当日毕"可以很容易地解决拖延的问题，它使得"第一时间解决问题"能够深入每天的工作中。

凡是发展快且发展好的世界级公司，都是执行力强的公司，而他们奉行的是"当日事，当日毕"的态度。

比如以某著名家电品牌的售后服务来说，客户对任何员工提出的任何要求，无论是大事，还是"鸡毛蒜皮"的小事，员工必须在客户提出的当天给予答复，与客户就工作细节协商一致。然后毫不走样地按照协商的具体要求办理，办好后必须及时反馈给客户。如果遇到客户抱怨、投诉时，需在第一时间加以解决，自己不能解决时要及时汇报。正是基于这样的不拖延的态度，该家电品牌的市场份额才不断扩大。

"当日事，当日毕"追求的就是效率和结果，而几乎任何地方都迫切地需要那些能够做事不拖延的员工：不是等待别人安排工作，也不是把问题留到上司检查的时候再去做，而是主动去了解自己应该做什么，做好计划，然后全力以赴地去完成。

今天的工作今天必须完成，因为明天还会有新的工作。今天的事情拖到明天，只会让自己更被动，感觉头绪更乱、任务更重。只要在工作中努力做到“当日事，当日毕”，每天都坚持完成当日的工作，就会发现不仅会按时完成任务，而且心理上会感觉很轻松。

“当日事，当日毕”的目标能促使你抓紧时间，马上进入工作状态，而做到“当日事，当日毕”则是一个小小的成就，会令你在今后的每一天更有信心将当天的工作做完、做好，并争取第二天做得更好，不断超越自己、追求完美，并终将有所成就。

任何一个懒惰成性、整天把工作留给明天、被上司或者同事推着走的人，这样的人走到哪里都不会受欢迎。我们应当真正以“当日事，当日毕”的标准要求自己，全力以赴地做到，并以“当日事，当日毕”督促自己不断进步。

下面列举几条做到“当日事，当日毕”的建议：

1. 如果时间允许，在行动之前要反复冷静地思考，给自己充分思考解决问题的方法和步骤的时间，保证“一次就把事情做对”、免得越忙越乱造成错误，返工改错又很容易出现新错误，让更多人跟着你忙，造成巨大的人力和物力损失。

2. 一旦做好计划就立即行动，不要等待工作的外部条件十全十美。把握住现在，外界的不利条件可以在工作的过程中被不断改变，如果不能如愿你只需要根据实际情况调整工作计划。

3. 不要浪费时间。今天应该干的工作绝不拖到明天，督促自己在工作的过程中全力以赴、珍惜时间。

不论心情好坏，每天早上都要将思想清零，从零开始有规律地持续工作。

第6章

意志力是训练出来的：做一个自控高手

为什么开始行动不能解决所有问题

在上一章中，我们提到了开始行动是战胜拖延症的重要方法，但是开始行动并不能解决所有问题，这是很多人的体验。

王波下定决心不再拖延了。今天，他不像往常那样拖延他的工作报告，而是从一早上就开始行动起来。随着工作的不断进展，他对结果的预期非常乐观，自我感觉也非常良好。工作了大概一个小时以后，同事来找他聊聊项目上的事。聊了十来分钟工作上的事之后，他们接着聊一些闲话。这是因为王波觉得自己的工作已经在掌控之中了。于是，十分钟过去了，又十分钟过去了，一直过去了将近一个小时，再看时间，已经接近中午了。

在这个情景中，王波的目标是他的报告，而且他已经迈出了关键的第一步——开始行动。事实上，前一天晚上，王波就已经有了执行的意图，准备第二天一上班就开始工作，他也确实做到了。他甚至定出了具体的行动方案："早上上班就开始写报告的第三部分。"

他开始行动后感觉很好，我们多数人也有这样的体验，我们开始一个被回避的任务时，会有一种释然感。不过，这种自我良好的感觉可能带来行动上的陷阱：感觉良好让我们过分乐观，我们计划和思考中的一些偏差可能此时会出现。比如王波在工作一个小时后，潜意识里可能在想："嗯，今天还不错，写了这么多内容，比平时强多了。剩下的部分可以明天再做。"事实上，同事过来找他聊天的时候，他甚至有点解脱了，这似乎是暂时停止任务的绝佳借口。

由此可以看出，拖延症并不仅仅是开始行动的失败。我们在完成任务的过程中，会面临很多问题和不必要的耽搁行为，分心的事情可能会越来越多，最开始的意图可能会被另一个意图替代了，而这些能让我们找到给自己辩解的方法。

王波的任务是写工作报告，而同事找他聊天就可以看作不必要的干扰。对于我们经常用电脑工作的人来说，更常见的例子就是检查邮件和浏览网页时，因干扰分心而推迟手头的任务。"我就花几分钟时间看一下邮件"，然后数小时之后你可能发现自己还没有重新接续之前的工作。这表明，一旦开始行动，也不会确保不拖延你的任务。可以看出，强大的意志力是确保你不会中途拖延的法宝。

我们再以生活中的实例做分析。假设你的目标是减掉二十斤体重，你打算节食，这需要意志力，而且你第一周的时候确实做到了。但是在接下来的几周中你又回到了原先的饮食习惯，体重又长回去了。为什么不能长时间地产生动力去一直减肥呢？这就是意志力不够坚强的缘故。

成功的行动者与失败的拖延者，其分水岭在于意志力的强弱差异：成功者常常是意志力坚强的人；失败者常常是意志力薄弱的人。

乔布斯这个改变了全球现代通信、娱乐以及生活方式的人，以其严格的自律和强大的意志力改变了整个世界。比他聪明的人应该有不少，然而取得他这样成就的人寥寥无几，是什么原因让他如此卓越？答案之一就是他的自律和意志力。

乔布斯年轻的时候每天凌晨四点起床，九点半前把一天的工作做完。有人问：自由从何而来？他说：从自信来，而自信则是从自律来！先学会克制自己，用严格的日程表控制生活，才能在这种自律中不断磨炼出自信。

乔布斯成功的背后隐藏着一个熠熠闪光的品质，那就是意志力。没有坚强的意志力就不可能有他所取得的成就。

训练和提升意志力，能给你提供做事不拖延的动力，帮助你克服惰性。当你开始心烦意乱的时候，注意，这是你意志力最薄弱的时刻，此时要慎作重大决定，不要让自己有接触酒、色、游戏等“毒品”的机会。

只要一个人具有善于自我克制的坚强意志力，他就能承受常人难以承受的苦难，征服常人难以征服的障碍，完成常人难以完成的事业。

直面恐惧：担心只是“纸上的柠檬”

恐惧源自人们对未知事物的本能害怕。生活中，有些人总是一副情绪低沉，郁郁寡欢的样子，常因恐惧而自怨自艾，顾影自怜，本该正常完成的事情也会拖延不决。其实这种自卑完全没有必要，一切的担心其实都是“纸上的柠檬”，不会真的酸倒你的牙。

如果一个人总是沉迷在恐惧的阴影中，那无异于给自己套上了无形的枷锁。但是如果能够直面恐惧，懂得换个角度看待周围的世界和自己的困境，那么许多问题就迎刃而解了。因此，我们没有理由自怨自艾，我们比别人更相信并且珍爱自己，才能发挥自己最大的潜力，把事情完成得比别人更好。

“老师让我去报名参加那个拼写竞赛。”13 岁的安琪一回到家就告诉父母。

“太好了，你已经报名了吗？”

“还没有呢。”

“为什么，宝贝？”父母奇怪地问。

“我有点害怕，台下可能有许多人看着。”安琪很激动，她在家一向是个听父母话的孩子，在学校平时也不爱多说话，但是学习成绩很好。

“我想你还是先报个名吧，你可以很好地锻炼自己的。”

安琪答应了父母。

过了两天之后，学校老师打来电话，让安琪的父母说服安琪去报名参加拼写竞赛。

父母很奇怪安琪竟然一直拖着没有报名。等安琪回到家后，父母又跟她谈了话，说：“首先，我们并不是强迫你一定要报名，这件事还是你来做决定，但是我们可以谈谈关于参加竞赛的利弊。参加竞赛可以磨炼自己的意志，锻炼自己的智力，还能增强自己的信心。比赛赢了更好，没有得名次，也是无关紧要的，我们不在乎。因为你在我们的心目中是很有能力的孩子，这点并不需要用竞赛的名次来证明。”

父母又对她说：“老师打电话来说，他也很相信你的能力。我们对你的比赛结果都不太关心，关心的只是你是不是想用这一次机会去锻炼自己。”

在父母的鼓励和催促下，最后安琪还是去报名了。安琪不敢想象自己站在台上面对那么多的观众拼写单词是一种什么样的感觉，这是导致她一再拖延的主要原因。好在她的父母给了自己女儿以信心，终于促使安琪没有继续拖延下去，也使她没有失去一个很好的锻炼自己的机会。

对于失败，每个人都有不同程度的恐惧，但是当你的情绪陷入焦虑拖延症的死循环时，那么这种恐惧会给你带来困扰。

对前景的过分担心，拖延症就很有可能成为你用来逃避失败的工具，虽然你自己可能还没有意识到这一点。拖延作用在真实表现和实际能力之间形成了缓冲层。当拖延顺理成章地出现，成了你信手拈来的借口，将你和害怕失败的情绪隔离开，最终导致焦虑拖延症的形成。

因害怕而选择逃避的人往往从不尝试，从不冒险，这样表面上看是最大限度地保护自己——比起努力尝试却因为自己的无能而失败，拖延导致的失败从心理上更容易接受一些。但是这样真的有用吗？答案显然是否定的。

人必须具备一定的反省精神

人必须具备一定的自省精神。孟子有这样一句话：“权，然后知轻重；度，然后知长短。物皆然，心为甚。”意思是说，称完才知道轻重，量完才知道长短。世间万物都是这样，而心灵则更需要反复衡量，这样才能不断地认识自己、改善自己。

宋代的朱熹说：“日省其身，有则改之，无则加勉。”其意皆在反省。反省可以“自知己短”，弥补短处，纠正过失。在古代的先贤那里，反思与自省是一种不可或缺的行为，它应时刻伴随身旁，不断地对自己的灵魂进行拷问。

有一天，原一平来到东京附近的一座寺庙推销保险。他口若悬河地向一位老和尚介绍投保的好处。老和尚一言不发，很有耐心地听他把话讲完，然后以平静的语气说：“你的介绍，丝毫引不起我的投保兴趣。年轻人，先努力去改造自己吧！”

“改造自己？”原一平大吃一惊。

“是的，你可以去诚恳地请教你的投保户，请他们帮助你改造自己。我看你有慧根，倘若你按照我的话去做，他日必有所成。”

从寺庙里出来，原一平一路想着老和尚的话，若有所悟。接下来，他组织了专门针对自己的“批评会”，请同事或客户吃饭，目的是为了让他们指出自己的缺点。

原一平把大家的看法一一记录下来。通过一次次的“批评会”，他把自己身上的劣根性一点点消除了。

与此同时，他总结出了含义不同的39种笑容，并一一列出各种笑容要表达的心情与意义，然后对着镜子反复练习。

他像一条成长的蚕，悄悄地蜕变。最终，他成功了，并被日本国民誉为“练出价值百万美金笑容的小个子”，且被美国著名作家奥格·曼狄诺称为“世界上最伟大的推销员”。

“我们这一代最伟大的发现是，人类可以由改变自己而改变命运。”原一平用自己的行动印证了这句话。也许你不能改变别人、改变世界，但你可以改变自己。幸福、成功，从改变自己开始。

要让结果改变，首先要改变自己；要让结果更好的话，自己必须变得更好。我们成功和进步的关键就在于：改变自己、完善自我。以下是几个建议：

1. 花点时间考虑考虑你的核心价值观和人生使命

一种目标感对于成功和效力来说是必要的，而那些不清楚自己在干什么和为什么这么做的人，在面对变化时，就没有前进的基础。

2. 要坚持

成功通常和天生的不屈不挠有很大关系。当你清楚你的价值观时，当你有能力在目标的基础上发展时，坚持是唯一的可能。在变化面前，成功的人会继续前进，并找到新的创造性的方法来获取肯定的结果。

3. 要灵活和富有创造性

坚持并不是说用力量来获得。如果你用一种方法不能成功时，试试一种，然后再试另一种。找到更多创造性的解决方法并有新意地处理问题。

4. 跳出框框思考

广泛阅读，不要把自己局限在擅长的领域。试着在你的生活和经验上的那些明显不同的部分上找出联系。

5. 接受不确定性并乐观

生活本质上是不确定的，所以不要在预测未来上耗费你的能量。在所有可能的结果里，注重最有把握的一个。不是说做个“盲目乐观的人”，而是当你尽最大的努力去做时，不一定得到很好的结果，这时，要接受它。不要过于消极。

6. 看到大局势

变化是不可避免的，但是如果你鸟瞰景色，变化则不会如此迷茫，你也可以随时保持判断。

遭遇逆境如何坚持下去

有人一旦遇到工作上的麻烦与困难就无所适从，放弃吧，这是自己的事情；努力吧，又没有好方法，往往是左右为难，最后只好拖延以待。

那么当逆境找上门来时，我们应该怎么办？该如何做出反应？先看下面这个故事，相信你会从中得到启迪。

有一个女儿常常对父亲抱怨自己遇上的事情总是那么艰难，她不知道该如何应付生活，好像一个问题刚解决，新的问题就又出现了。在疲于应付中，她已经感到心力交瘁。

她的父亲把她带到厨房，把水倒进三口锅里，然后用大火煮开，不久锅里的水烧开了。他在第一口锅里放进了胡萝卜，第二口锅里放入鸡蛋，最后一口锅里则放入研磨成粉状的咖啡豆，他小心地将它们放进去用开水煮，但一句话也没说。

女儿见状，一直嘟嘟囔囔，很不耐烦地等着，不明白父亲到底要做什么。

大约二十分钟后，父亲把炉火关闭，把胡萝卜和鸡蛋分别放在一个碗内，然后把咖啡舀到一个杯子里。

做完这些后，他才转过身问女儿：“亲爱的，你看见什么了？”

“胡萝卜、鸡蛋和咖啡。”她回答。

他让她靠近些，要她用手摸摸胡萝卜，注意到它们变软了。接着，他又让女儿拿着鸡蛋并打破它，然后将壳剥掉，她看到了煮熟的鸡蛋。最后，父亲让她喝口咖啡，品尝到香浓的咖啡时，女儿终于笑了。她怯声问：“父亲，这意味着什么？”

父亲回答说：“这三样东西都是在煮沸的开水中，但它们的反应却各不相同：胡萝卜入锅之前是强壮结实的，但进入开水后，它就变得柔软了；而鸡蛋本来是易碎的，只有薄薄的外壳保护着，但是一经开水煮熟，它的内部变硬了；至于粉状咖啡豆则很特别，进入沸水后，它们改变了水，咖啡豆既可以保持一定的硬度，又可以散发出诱人的清香，熬出纯美的咖啡。”

其实，这里的胡萝卜、鸡蛋、咖啡豆，代表了一个人对于挫折和困难的三种态度。我们应该做一个“咖啡豆”型的人，需要我们在艰苦的、不利的情况下，仍能克服外部和自身的困难，坚持完成任务。当处于巨大压力或产生可能会影响个人情绪的消极氛围时，能够运用某些方式消除压力或消极情绪，避免自己的悲观情绪影响他人。

许多人之所以不成功，就因为他们做事有始无终，在开始做事时充满热忱，但因缺乏毅力，不待做完便半途而废。如果一个人经常放弃他所期待的目标，那么他就不会成为一个成功者，而只能是功亏一篑的失败者。唯有坚韧不拔的毅力才能战胜任何困难。

当面临逆境和挫折时，我们要像“咖啡豆”一样，保持自己的硬度，同时用自己的努力改变身处的逆境，使逆境发生质的变化。

有个青年去某大型公司应聘，但该公司并没有刊登过招聘广告。见接待的人疑惑不解，青年用不太娴熟的英语解释说自己是碰巧路过这里，就贸然进来了。接待人员感觉很新鲜，破例让他一试。面试的结果出人意料，青年表现糟糕。他的解释是事先没有准备，人力资源部门的人以为他不过是找个托词下台阶，就随口应道：“等你准备好了再来试吧。”

一周后，青年再次走进这家公司的大门，这次他依然没有成功。但比起第一次，他的表现好多了。人力资源部给他的回答仍然同上次一样：“等你准备好了再来试。”就这样，这个青年先后五次踏进这家公司的大门，最终被公司录用，成为公司的重点培养对象。

其实，成功者与失败者之间，最大的差异就在于意志的力量，即有没有在成功到来以前再坚持一点点的决心。若具备了坚持不懈这种可贵的品质，你就能做成任何事情。否则，不管你具有怎样的才华，不管你身处怎样的环境，不管你拥有怎样的机遇，你都不能成为一个真正成功的人。

“咖啡豆”型的人之所以受到欢迎，是因为：一方面，他们能够在困难和挫折面前保持自己的风格和理念，具有很强的坚韧性；另一方面，他们还能凭借自身的能力改变逆境。在他们身上，战胜困难的坚韧性得到了很好的体现，他们的职业能够得到和谐的发展。

当我们在逆境中不能自拔时，我们不妨想想“咖啡豆”是如何改变沸水的。让我们对挫折微笑，做一个有韧性的“咖啡豆”型的人，你会发现自己已经改变了逆境，正在迎来辉煌的事业新高峰！

时刻保持竞争意识

弱肉强食、优胜劣汰，这是自然界遵循的法则，任何动物都必须学会并适应在竞争中求生存。比如，在辽阔的草原上，每天当第一缕阳光出现时，狮子和羚羊就开始进行赛跑。狮子发誓要追上羚羊，因为追上羚羊，自己就可以美美地享受一顿丰盛的早餐。羚羊一定要跑得比狮子快，否则它就成为狮子的腹中之物。羚羊之间同样也在进行着残酷的竞争，跑得最慢的羚羊自然就成了狮子的食物。

人类社会就是一个丛林社会，也遵循着同样的生存法则。其实“竞争”存在于人类生活的各个领域：有球类、游泳、拳击、田径、棋类等多种多样的体育比赛；有音乐、戏剧、影视、书法、绘画等文艺活动比赛；有学习竞赛、演讲比赛、劳动比赛等。

列宁在谈到竞赛对人格品质形成的作用时就强调：“在相当广阔的范围内培植进取心、毅力、大胆和首创精神。”

不少人就是具备竞争意识而走向成功的。

莫纳汉依据简单有效率的制度，创立了世界上最大的比萨饼外卖公司。他拒绝出售三明治或任何其他产品，以防止店铺的经理分心，保证实现用最快时间送出最美味比萨饼的主要目标。

汤姆·莫纳汉在1986年出版的自传《比萨虎》一书中说："我决心获胜，决心使我们公司的业绩更上一层楼并击败竞争对手。"无论是优秀的政治家，还是成功的企业家，这种态度是普遍存在的。心理学的研究证实，企业家的竞争意识一般都比较强烈。无论是在工作中还是在游戏时，他们都热衷于竞争。

汤姆·莫纳汉是一位勇于竞争的创新者，他用竞争描述他的童年生活。他说："我玩拼图玩具最出色，打乒乓球最出色，扔石头弹子最出色。在每一项集体运动中，我都是出类拔萃的。"一些有识之士认为，企业家在工作中和游戏时的行为没有什么两样。

1989年，莫纳汉曾打算出售多米诺比萨饼公司，退休后从事慈善事业并过悠闲的生活。当无人愿意购买他的公司，他不得不重新埋头于经营企业时，他声称已"重新参加比萨饼大战"。

竞争意识是推动个体不断前进的一种精神力量。在当今生存竞争异常激烈的现代社会，一个人只有树立起强烈的竞争意识，做事不再拖延，才能够主动适应社会的发展。

第7章

时间整理术：从拖延到高效，过三倍速度人生

时间用在哪里，成就就出在哪里

凡是在事业上有所成就的人，都十分注重时间的价值。他们不会把大量的时间花费在没有价值的事情上。管理好自己的生理节奏，将有限的时间用在刀刃上，可以让我们更好地掌握自己的时间和身体，享受更轻松、更简单的工作和生活。

“你热爱生命吗？那么别浪费时间，因为时间是组成生命的材料。”

“别忘了，时间就是金钱。假设一个人一天的工资是 10 个先令，可是他玩了半天或躺在床上睡了半天觉，即使这期间只花了 6 便士，也不能认为这就是他全部的耗费。他同时还失去了他本应该得到的 5 个先令……千万别忘了，就金钱的本质来说，一定是可以增值的。钱能变更多的钱，并且它的下一代也会有很多的子孙。”

这两段话是美国著名的思想家本杰明·富兰克林的经典名言，它简单直接地告诉了人们这样一个道理：假如你想成功，必须认识到时间的价值。比如下面的两个管理顾问，你可以从他们身上得到启示。

一个是杰克，全公司里除了创立者之外，他是唯一不是工作狂的人。没有人知道杰克如何运用时间，也不知道他的工作时数是多少，但他的确逍遥自在。他只参加重要客户的会议，把所有精力拿来思考如何在与重要客户的交易中增加获利，然后再安排用最少人力达成此目的。杰克的手上从未同时有三件以上的急事，通常一次只有一件，其他的则暂时摆在一旁。

另一个是詹森。他的办公室很小，里面有很多其他同事，是一个非常拥挤且嘈杂的办公室，有人打电话，有人正准备向客户做报告，屋子里到处是声音。

但詹森好比一片平静的绿洲，把注意力全部集中在分内的事上，他在运筹帷幄。有时他会带几位同事到安静的房间内，向他们解释他对每一个人的要求，不只是讲一两遍，而是再三说明，务求交代所有细节。然后，他会要求同事重述一遍他们即将进行的工作。詹森的动作慢，看似毫无生气，但他是非常棒的领导者。他把所有时间都拿来思索哪件工作最具价值，谁是最合适的执行者。然后，紧盯着事情的进度。

重视时间的价值，这是一般成功者都具有的通行证。当然，有时一个待人做事简捷迅速、斩钉截铁的人，也容易引起别人的一些不满，但他们绝对不会把这些不满放在心上。为了在事业上有所成就，为了恪守自己的规矩和原则，他们不得不减少与那些和他们的事业没什么关系的人来往。

处在知识日新月异的信息时代，人们常因繁重的工作而紧张忙碌。如果想提高自己的工作效率，让自己忙出效率和业绩，就必须培养自己重视时间价值的习惯。

恰当而合理的时间预算

哈伯德先生在自己的著作中指出，善于为时间立预算、做规划，是管理时间的重要战略，是时间运筹的第一步。你应以明确的目标为轴心，对自己的一生做出规划并排出完成目标的期限。

时间是流动的，它从来不会为了某个人停下自己匆忙的脚步。因此，善于利用时间，做好时间预算，就成为衡量管理者工作水平高低的一把重要标尺。

我们要知道何为时间预算。时间预算是研究社会群体和个人在特定周期内，用于不同目的的各种活动时间分配的一种方法。其内容包括：

何人（或社会群体）从事何种活动（如吃饭、睡觉、工作、娱乐等）；

何时从事该项活动；

从事该项活动时间的长短；

在一定时间周期内（如一天、一周、一个月）从事该项活动的频率和用于不同目的的时间分配；

从事该项活动的时间顺序；

在何处与何人从事该项活动。

时间预算要通过定量分析，来揭示在一定时间总量中所从事的活动种类及各种活动的连贯性、协同性、普遍性和周期性；同时从质的方面反映个人或社会群体活动的内容、性质和特点。时间预算被广泛应用到城市规划、市政管理、生活方式、企业经营、工程建设等各个方面。进行时间预算多采用问卷法、访问法、观察法、日记法以及历史比较法和国际比较法来搜集数据，并借助指标体系进行测定。

在平时的工作中，我们可以记工作日志，或将完成每件事花的时间记录下来。有的人工作起来似乎一天到晚都很忙，并且常常加班。避免加班的关键在于行程表的拟订。拟订周期行程表是件非常重要的事。尝试拟订行程表，能让自己的工作行程、同事的活动、上司的预定计划、公司的整体动向等事情一目了然。由于自己的工作并非完全孤立，所以必须将它定位在所属部门的目标、公司整体的目标乃至外界环境的变动上，才能保证计划的合理性。只要尝试拟订行程表，原本凌乱不堪的各种预定计划就会显得条理井然起来。

如果能够拟订行程表，设定进修时间、休闲时间、与家人沟通的时间，自己和家人都将因此取得默契，步调一致。此外，通过与家人的沟通，你不但可以减轻日常生活的紧张压力，而且能够涌现新的活力。需要注意的是，先忧后乐乃是时间计划的基本原则。

把这种个人时间管理模式推荐给家人，可有效避免和家人发生冲突。让我们来看一看如何制定一个具体的周末假日行程表。

所谓周末假日究竟是从什么时候开始，到什么时候结束呢？

一般的看法是从周六早上到周日晚间为止。不过如果想要利用周末假日，充分争取时间进行自我启发的话，这样看是不行的。所谓周末假日是从周五晚间到周一早上为止的时间。如此解释的话，就有将近三天的假期可资运用，不妨将它当作一个整体时段来加以掌握。倘若这种理念成立的话，周五晚间的度过方法就变得十分重要。

首先，周六和周日，还是应该早起。如果失之严苛的话，恐有难以持续之虞，因此不妨稍微放松，比平日晚起一两个小时也没关系。以尽可能和家人共用早餐为宜。

其次，要将周六、周日的上午定为主要进修时间，不足的部分排入周六、周日的晚间。周日晚间不排计划只管就寝，周一早上提早起床就可以做到。

一般而言，周末假日要将工作暂且付诸脑后，好好地调剂身心才是提高工作效率的良方。不过，有件事情非常重要，就是必须为下周一开始的工作预作心理准备。如果等到下周一早上再来定下下周的进修行程表，事实上已经太迟了。本周日晚间才是思考并定下下周行程表的绝佳时机。

由此可知，恰当而合理地进行时间预算，不仅可以为自己赢得与家人在一起的快乐时光，更可以大大地提高我们的工作效率，从容应对一切。

“重要的少数”与“琐碎的多数”

“一分耕耘，一分收获。”一直以来，人们将其奉为圭臬。但很多人会遇到这种情况：为做成一件事，花费了几倍于别人的精力，结果却不尽如人意。“事倍功半”成为我们工作和生活的常态。

如何使耕耘能有收获甚至达到“事半功倍”，每个人都希望找到这样的高效秘诀。其实，高效能人士的确有个法宝，这就是“二八法则”。

1897 年，意大利著名经济学家帕累托偶然发现了英国人的财富和收益模式，经过长期研究，最终发现了被后世所称道的著名的“二八法则”。帕累托研究发现，社会上的大部分财富被少数人占有了，而且这一部分人口占总人口的比例与这些人所拥有的财富数量，具有极不平衡的关系。

长期研究后，他从大量的具体事实中归纳出一个简单却让人不可思议的结论：社会上20%的人占有了社会80%的财富。

后来，研究“二八法则”的专家理查德·科克在工作实践中发现：凡是洞悉了“二八法则”的人，都会从中受益匪浅，有的甚至因此改变命运。的确，如果你真正理解并正确运用了“二八法则”，那成功离你并不遥远，触手可及的感觉总让人具有奋斗的不竭动力。

人们常习惯性地认为：顾客都是上帝，要一视同仁；每一个人都是一颗不可或缺的螺丝钉，发挥着同样的价值作用……但当我们在所有的事物上花费等量的精力时，往往会发现，投入与产出等比的情况并不总会出现，并且大多数时候的结果是“事倍功半”。“二八法则”提醒我们要对那些客观存在的不平衡现象给予足够重视，提醒我们应该打破那些束缚我们的常规认识，从而提高生活和工作效率。

因与果、投入与产出或努力与报酬之间的关系往往是不平衡的，这是“二八法则”带给我们的启示。“二八法则”要求人们放弃那些“表现一般或不好”的、只能带来20%产出的80%的投入。我们身边的高效能人士都是懂得运用“二八法则”的高手。

查尔斯是纽约一家电气分公司的经理。他每天都疲于应付成百份的文件，这还不包括临时得到的诸如海外传真送来的最新商业信息。每天一出电梯，走进办公大楼的时候，他就开始被等在电梯口的职员团团围住，等他走进自己的办公室，已是满头大汗。他经常抱怨说自己要再多一双手、再有一个脑袋就好了。查尔斯看似每天十分忙碌，但是大部分时间都浪费在了一些不必要的签字上了，而各部门的职能与权利分配又不十分清晰。

查尔斯有一天终于忍受不住了，他终于醒悟过来了，他把所有的人关在电梯外面和自己的办公室外面，把所有无意义的文件抛出窗外。他让他的属下自己拿主意，不要来烦自己。他给自己的秘书做了硬性规定，所有递交上来的报告必须筛选后再送交，不能超过十份。刚开始，秘书和所有的属下都不习惯。他们已养成了奉命行事的习惯，而今却要自己对许多事拿主意，他们真的有点不知所措。但这种情况没有持续多久，公司开始有条不紊地运转起来，属下的决定是那样的及时和准确无误，公司没有出现差错。相反地，往往经常性的加班现在却取消了，只因为工作效率因真正各司其职而大幅度提高了。查尔斯有了读小说的时间、看报的时间、喝咖啡的时间、进健身房的时间，他感到惬意极了。他现在才真正体会到自己是公司的经理，而不是凡事包揽的老妈子。

查尔斯作为管理者，每天总是“忙碌”，每天 80% 的时间“浪费在了一些不必要的签字上”，当他转变工作方式后，将“无意义的文件抛出了窗外”，将绝大部分精力花在了“不超过十份”的文件上，结果是：他的工作效率大大提高了。这就是“二八法则”的神奇力量。

“二八法则”要求分清“重要的少数”还是“琐碎的多数”，不要沉浸在忙碌中，时间是一种资源，应该将精力集中解决“重要的少数”。“二八法则”是一项对提高人类效率影响深远的法则，被称为指导职业获利和人生幸福的“圣经”，适用于任何渴望提高工作效率、创造最高财富利润的个人。

如果想取得人生的辉煌和事业的成就，就必须遵守“二八法则”：

抓住重点，而非全程参与；

学会用最少的努力去控制生活；

选择性地寻找，不要巨细无遗地观察；

做一件事情就要做好，不要事事都追求有好表现；

让别人来负责一些事务，不必事必躬亲；

只做最能胜任的、最能从中得到乐趣的事；

锁定少数，不必苦苦追求所有机会。

可见，“二八法则”不仅反映了宇宙中客观存在的不平衡性，更浓缩了一种时间管理智慧。

盘活那些零碎时间

珍惜时间的人，无论何时总是能从任何时刻挤出时间来。而这些挤出来的时间，就是我们常常忽略的零碎的时间。

所谓零碎时间，是指不构成连续的时间或一个事务与另一事务衔接时的空余时间。这样的时间往往被不少人毫不在乎地忽略掉。而高效能人士却善于将零碎的时间有机地运用起来，从而最大限度地提高工作效率。比如在车上时、在等待地铁时，可用于学习、用于思考、用于简短地计划下一个行动等。充分利用零碎时间，短期内也许没有什么明显的感觉，但经年累月，将有惊人的成效。

“世界上真不知有多少可以建功立业的人，只因为把难得的时间轻轻放过而默默无闻。”本杰明·富兰克林发出如此的感叹是有深刻原因的。实践证明，用“分”来计算时间的人，比用“时”来计算时间的人，时间多 59 倍。

美国近代诗人、小说家和出色的钢琴家艾里斯顿，他那善于利用零散时间的方法和体会值得我们借鉴。他曾这样写道：

当时我大约只有 14 岁，年幼疏忽，对于爱德华先生那天告诉我的一个真理未加注意，但后来回想起来真是至理名言，从那以后我就得到了不可限量的益处。

爱德华是我的钢琴教师。有一天，他给我教课的时候，忽然问我："每天要练习多少时间钢琴？"我说大约每天三四小时。

"你每次练习，时间都很长吗？是不是有个把钟头的时间？"

"我想这样才好。"

"不，不要这样！"他说，"你将来长大以后，每天不会有长时间的空闲的。你可以养成习惯，一有空闲就几分钟几分钟地练习。比如在你上学以前，或在午饭以后，或在工作的休息余闲，五分钟、五分钟地去练习。把小的练习时间分散在一天里面，这样弹钢琴就成了你日常生活中的一部分了。"

当我在哥伦比亚大学教书的时候，我想兼职从事创作。可是上课、看卷子、开会等事情把我白天、晚上的时间完全占满了。差不多有两个年头我一字不曾动笔，我的借口是没有时间。后来才想起了爱德华先生告诉我的话。到了下一个星期，我就把他的话实践起来。只要有五分钟左右的空闲时间，我就坐下来写作一百字或短短的几行。

出人意料，在那个星期的最后，我竟积有相当的稿子准备做修改。

后来，我用同样积少成多的方法创作长篇小说。我的教学工作虽一天比一天繁重，但是每天仍有许多可以利用的短短余闲。我同时还练习钢琴。我慢慢发现，每天小小的间歇时间，足够我从事创作与弹琴两项工作。

艾里斯顿的经历告诉我们，生活中有很多零散的时间是大可利用的。几分钟几分钟的积少成多的方法，就能化零为整，不仅工作效率大大提升，还能做好不少其他自己喜欢的事情，生活将更加轻松。

零碎时间虽短，但倘若一日、一月、一年地不断积累起来，其总和将是相当可观的。凡是在事业上有所成就的人，几乎都是能有效地利用零碎时间的人。

吴华和朋友新开了一家公关咨询公司，一年接下约 130 个案子，她每年旅行各地，有很多时间是在飞机上度过的。她相信和客户维持良好的关系是很重要的。所以她常利用在飞机上的时间写短信给他们。一次，一位同机的旅客在等候提领行李时和她攀谈，他说："我在飞机上注意到你，在 2 小时 48 分钟里，你一直在写短信，我敢说你的老板一定以你为荣。"吴华平静地回答："我就是老板。"

要想成功，不仅要做事业上的老板，还要学会做时间的"老板"。闲暇对于智者来说是思考，对于享受者来说是养尊处优，对于愚者来说是虚度。要合理利用好琐碎时间，我们需要做好下面几点：

1. 提高执行速度

动作的快慢决定着需耗用的时间长短。

有这样一个故事，说的是一个闲着无事的老大爷，为了给远方的孙女寄张明信片，可以花上一天的时间。老大爷买明信片时用了两个小时，找老花镜用了两个小时，找地址用了一个小时，写明信片用了两个小时，投寄明信片用了一个小时。

其实，换一个动作迅捷的人，几分钟的时间他便能办好这位老大爷所做的事。

我们所强调的时间观念和节奏观念，都是为了提高办事效率，如果一个小时就把需要两个小时办的事情办完了，其效率就提高了一倍。将更多的事情安排在有限的时间里完成，这多么有意义！

2. 有意“挤”时间

时间在鲁迅先生的笔下被比作海绵里的水，挤，便会有。做事情只有快，却不懂得“挤”时间，也是不完满的。一名高效能工作者要养成一种敢于挤、善于挤的精神。

3. 善于利用假日

按照中国的有关规定，每个人每年法定节假日的休息时间为 10 ~ 11 天，再加上周末的时间，一年就有 130 天左右的假期。如果你把这段时间巧妙地加以利用，也会有一定的收获。

著名数学家科尔用了 3 年内的全部星期天解开了“2 的 62 次方减 1”是质数还是合数的数学难题。这 3 年的星期天多么有意义啊！其实，时间就在我们手中，就是看你去怎样利用它。

充分利用好你的最佳时间

知道该什么时间做什么事情最合适，懂得把时间花费在最有价值的地方。正确地管理时间就是对自己生命的负责。生命有限，时间无限。如何在有限的生命中创造无限的价值，关键取决于如何充分地利用好每一份最佳时间。

人们常常抱怨生活的不公平，其实，我们没有看到一点：生活对每一个人都是公平的。伟大的赫胥黎说：时间最不偏私，给任何人都是 24 小时；时间也最偏私，给任何人都不是 24 小时。不同的是，当最佳时间出现的时候，有些人懂得抓住并很好地利用；有些人却茫然不知，沉迷于一时的欢乐与游戏之中。

懂得充分利用最佳时间，无论早、中、午、晚，都能恰当地安排好待办的事情，让时间在自己的手里发挥最大价值，成功就变得不再那么困难。

贝格特是一家保险公司的人寿保险业务员。半年以前，全公司里他一直是最大保险销售额的业务员之一。但在过去的半年中，贝格特变得有些懒散了，开始不太愿意工作，他打破自己的惯例，把最佳的工作时间用在读报、打网球或者随便做些别的事上，因此，他个人的业绩大大降低了。

后来，为了提高业绩，经过反思，他制定出一份工作时间表。贝格特发现，只用三到五分钟，就能够确认要把自己最宝贵的时间用于何处，这就大大提高了自己的工作效率。贝格特认识到了所浪费掉的时间的价值，他开始改变此前的做法。每天花上几分钟，为自己做一个利用时间的表格分析，以使自己重新有效地掌握时间，充分地安排并利用好各个时间段的最佳时间。这样，不仅工作业绩上升了，连个人娱乐休闲的时间也有了。

汉克斯是一名年轻的销售员。为了在工作上有所成就，以确认他应当把时间花在何处，他来到图书馆，阅读许多有关销售人员的资料。他发现，新业务员必须用75%的时间去了解情况，或寻找客户；8%的时间应当用来磨炼销售技能、才干及学习产品知识，以便能提出一份最佳的产品介绍；剩下的时间就花费在接近可能的客户上。你必须抓住时机，使这个客户做出决定，直到你拿到签了字的订货单为止。汉克斯按着这种思路，分配着这三段最佳工作时间，工作成绩进步很快，得到了上级主管的表扬。

这里，我们提供几个可供参考的最佳时间利用办法：

1. 把该做的事依重要性进行排列。这件工作，可以在周末前一天晚上就安排妥当。

2. 每天早晨比规定时间早十五分钟或半个小时开始工作。这样，就可以有时间在全天工作正式开始前好好计划一下。

3. 把最困难的事搁在工作效率最高的时候做，例行公事，应在精神较差的时候处理。

4. 不要让闲聊浪费你的时间，让那些上班时间找你东拉西扯的人知道，你很愿意和他们聊天，但应在下班以后。

5. 利用空闲时间：它们应被用来处理例行工作，假如那位访问者失约了，也不要呆坐在那里等下一位，你可以顺手找些工作来做。

6. 晚上看报：除了业务上的需要外，尽可能在晚上看报，而将白天的宝贵时光，用在读信、看文件或思考业务状况上，这将使你每天的工作更加顺利。

7. 开会时间最好选择在午餐或下班以前，这样你将会发现在这段时间每个人都会很快地做出决定。

用好“神奇 3 小时”

汤米睁开了眼睛，才不过清晨 5 点钟，他便已精神饱满，充满干劲。他的太太却把被子拉高，将面孔埋在枕头底下。

汤米说：“过去 15 年来，我们俩简直几乎没有同时起床过。”

汤米是个上午型的人，15 年来，每天坚持比太太早起 3 个小时。起床后，他可以从容地刷牙、洗脸，简单地活动一下身体，然后，为妻子煮上美味的早餐。剩下的一个多小时，就用来整理当天即将开始的工作，提前做好周密和较为详细的准备。等到妻子醒来的时候，两个人快乐地共进早餐。15 年来，从不间断，两个人生活得十分幸福，汤米个人的事业也蒸蒸日上。

每天早起的 3 个小时内，可以想象，汤米完成了多少有价值的事情。其实，汤米并非超常的人，只是他懂得用好那“神奇的 3 小时”而已。

“神奇 3 小时”是由著名时间管理大师哈林 · 史密斯提出的。他鼓励人们自觉地早睡早起，每天早上 5 点起床，这样可以比别人更早展开新的一天，在时间上就能跑到别人的前面。利用每天早上 5 ~ 8 点这“神奇的 3 小时”，我们可不受任何干扰地做一些自己想做的事，就像汤米那样。

其实，提倡每天用好神奇的 3 小时，并非毫无根据，而是经过科学证明的。

20 世纪 50 年代后期，医生兼生物学家赫森提出了一项称为“时间生物学”的理论。他在哈佛大学实验室中研究发现，某些血细胞的数目并非整天一样，视它们从体内产生的时间不同而定，但这些变化是可以预测的。细胞的数目会在一天中的某个时间段比较高，而在 12 小时之后则比较低。他还发现心脏新陈代谢率和体温等也有同样的规律。

赫森的解释是，我们体内的各个系统并非永远稳定而无变化地运行，而是有大致的周期。有时会加速，有时会减慢。赫森把这些身体节奏称为“生理节奏”。

时间生物学的主要研究工作，现在全部由美国太空总署主持。罗杰斯就是该署的一位研究生理学家，也是一位生理节奏学权威。他指出，在大多数太空穿梭飞行中，制定太空人的工作程序表时都应用了生理节奏的原理。

这项太空时代的研究工作有许多成果可以在地球上采用。例如，时间生物学家可以告诉你，什么时候进食可以使体重不增反减，一天中哪段时间你最有能力应付最艰苦的挑战，什么时候你忍受疼痛的能力最强而适宜去看牙医，什么时候做运动可以收到最大效果，等等。罗杰斯说：“人生效率的一项生物学法则是：要想事半功倍，必须将你的活动要求和你的生物能力配合。”

确实，要想做好自己的时间管理，必须了解我们自身的生理特点，掌握好自己的生理节奏，将我们的活动与生物能力相配合。每天早起 3 小时就是在与时间竞争，这是一种“勤能补拙”的笨鸟先飞精神的另一种运用。虽然自己不是笨鸟，但是先行一步，早作准备，定能收到事半功倍的效果。

要拥有美好生活，就需要更好地掌握自己的时间和身体，用好这每天的 3 小时，就能享受更轻松、更简单的工作和生活。

其实，仔细研究一下，除了哈林 · 史密斯所提到的“神奇 3 小时”的好处之外，更有着以下诸多好处：

1. 获得内心的平静

已故诺贝尔和平奖得主特里萨修女曾说过，生活在现代都市的人最缺乏的、最渴望的就是“心灵的平静”。而早睡早起，利用早上神奇的 3 小时，想些问题、做些重要工作，往往可以捕捉到都市喧嚣忙乱背后的宁静时刻。

2. 规划一天工作

“一日之计在于晨。”清晨往往是人们精神最集中、思路最清晰、工作效率最高的时候。在这段时间里，绝对没有人或电话来骚扰你，你可以全心全意做一些平日可能要花上好几个小时才能完成的工作或事务，规划一下未来的工作，能够取得很好的成效。

3. 培养自律

养成早睡早起的习惯，可以使我们一天精力充沛、信心百倍。同时，还可考验自己的自律精神，建立一个正面的“自我概念”。

4. 调息身心

当然早睡早起并不是苛刻地剥削我们的睡眠时间，正好相反，它只是将我们的睡眠及起床时间略微调整，而这正是高效率利用时间的要求。

试想，如果我们在晚上 10 点睡觉，次日早上 5 点起床的话，我们的睡眠时间仍然是 7 个小时。而一般人如果在午夜 12 点入睡，次日早上 7 点起床的话，他们的睡眠时间同样是 7 个小时。所以，在此提倡早睡早起，运用好“神奇 3 小时”，有策略性地将休息和工作的时间对调一下，生活可以同样美好。